Wolfgang Philipp

Gulliver – Deutschland, der gefesselte Riese

Wolfgang Philipp

Gulliver – Deutschland, der gefesselte Riese

1. Auflage 2017

© Copyright dieser Ausgabe by
Gerhard Hess Veralg, 88427 Bad Schussenried

www.Gerhard-Hess-Verlag.de

ISBN 978-3-87336-611-4

Wolfgang Philipp

Gulliver

– Deutschland, der gefesselte Riese

Inhalt

Einführung

Im Jahre 1726 verfasste der irische Schriftsteller Jonathan Swift seinen weltberühmten satirischen Roman „Gulliver´s Reisen". Seine Hauptperson Gulliver, ein tüchtiger Arzt und Kapitän, wird nach einem Schiffsunglück auf der Insel „Lilliput" angeschwemmt und gerät dort in die Hand von Zwergen. Diese fixieren den ihrer Sichtweise nach „Riesen" während er schläft mit Seilen und Stricken, dergestalt, dass er sich nicht mehr fortbewegen kann. Diese Figur des gefesselten „Riesen" ist bis heute allgemein bekannt und regt zu allerlei Überlegungen an.

Solche Nachdenklichkeit bewegt auch mich, wenn ich die politische Situation Deutschlands analysiere und zusammenstelle, wer eigentlich bei uns das Sagen hat und die wichtigsten vielfach direkt in das Leben der Deutschen eingreifenden Entscheidungen trifft. Dabei sind vom demokratisch-rechtstaatlichen Prozess unabhängige Entscheidungen Dritter so vielfältig, dass von einer weitreichenden „Sammlung von Fremdherrschaften" gesprochen werden kann.

Das vor allem wirtschaftlich „riesige" deutsche Volk ist wie Gulliver gleichermaßen so gefesselt, bevormundet und bedroht, dass der Satz gewagt werden kann: „Gulliver – das ist heute Deutschland!" Seine Souveränität ist vielfach eingeschränkt bzw. aufgegeben. Das wird in diesem Buch – ohne Anspruch auf Vollständigkeit – zu belegen sein. Jede(r) Leserin und Leser möge sich dann selbst ein Bild machen und prüfen, ob die jeweilige Darstellung Wirklichkeiten beschreibt oder aber im Sinne von Jonathan Swift nur „Satire" ist. Das Buch ist trotz notwendig kritischer Einstellung nicht geschrieben, um anzuklagen, sondern um auf unumgänglich notwendige bis heute ausgebliebene politische Entscheidungen hinzuweisen.

Spätestens nach Lektüre dieser Betrachtungen mag deutlich werden, wie bedrohlich die politische Lage und Zukunft ist, obwohl es uns „wirtschaftlich" gut geht. Es wird dann auch an ganz konkreten Beispielen deutlich, warum eine große Zahl von Wählern nach neuen politischen Kräften Ausschau hält. Die bislang sehr umfangreiche Diskussion dazu ist eher zu abstrakt.

Die konkreten Beispiele und Notlagen, die das eigentliche Unbehagen verursachen, müssen jedoch behandelt werden. Die Zeitungen und Fernsehsendungen sind voll von „Erklärungen", wie schließlich in Deutschland eine Partei wie die AfD entstehen konnte und warum so viele Wähler den herrschenden Parteien nicht mehr vertrauen. Diese „Erklärungen" sind immer die gleichen und bleiben an der Oberfläche.

Seltsam ist dabei, dass die in Politik und Medien herrschende Meinung die „Andersgläubigen" wie AfD und Pegida unisono als „Populisten", also eigentlich doch als Vertreter des Volkes bezeichnet und dabei diesen Begriff ausschließlich als Schimpfwort gebraucht: Ein prachtvolles Eigentor! Entweder aus Gedankenlosigkeit oder schon aus Verachtung des Volkes, weil man glaubt, alles besser zu wissen als dieses. In der Demokratie sollten allerdings Parlament und Regierung das Volk insgesamt vertreten und sich um dessen Probleme und Sorgen kümmern. Vielleicht kann dieses Buch ein wenig Ordnung in das gedankliche Durcheinander bringen.

Wolfgang Philipp

I.

Fremdherrschaft ausländischer Einbrecherbanden

In Deutschland steigt die Zahl der Wohnungseinbrüche. Im Jahre 2015 wurden offiziell 167000 Fälle bekannt, im Jahr 2016 152.000 Fälle. Die Dunkelziffer dürfte noch erheblich darüber liegen, weil häufig keine Anzeige erstattet wird. Das bedeutet, dass (unter Berücksichtigung einer Dunkelziffer) in Deutschland in nur fünf Jahren mindestens eine Million Wohnungen von Einbrechern heimgesucht wird.

Betroffen sind, da vielfach Ehepaare und Kinder zuhause sind, mehrere Millionen Einwohner, die so persönlich mit Einbrüchen konfrontiert werden. Das sind fast kriegsähnliche Zustände.

Jeder Einbruch ist ein schwerer Schicksalsschlag, dessen Wirkung weit über materielle Verluste und entstandene Verwüstungen hinausgeht. Treffen die Einbrecher Bewohner an, wird es extrem gefährlich, bis hin zu schweren Verletzungen oder gar Mordfällen. Solche Verbrechen werden regelmäßig in der ZDF -Serie „Aktenzeichen XY ... ungelöst" vorgestellt. Dabei fällt auf, dass seit vielen Jahren fast alle in dieser Sendung behandelten schweren Straftaten von Ausländern begangen wurden. Diese Sendung zeigt, wie kaum andere Medien, wie weit wir in Deutschland durch Abwesenheit ausreichender Staatsgewalt gekommen sind und wie die Deutschen zu Opfern ausländischer Banden werden. Dieser Preis ist für die sogenannte, aber nie exakt definierte „Weltoffenheit" zu hoch. Es bleibt klipp und klar festzuhalten, dass die Bundesregierung und entsprechende EU-Behörden für diese Zustände verantwortlich sind.

Das Problem des Zusammenhangs von „offenen Grenzen" und den daraus resultierenden massenhaften schweren Verbrechen wird nicht einmal angesprochen. Die Ideologie geht schließlich vor! Die seelischen Wunden und Ängste mit dem Gefühl, unsicher und hilflos ausgeliefert zu sein, sind groß. Wie die FAZ (Philipp Krohn) vom 1.10.2016 berichtet, sind sogar 10 % der Betroffenen nach einem Einbruch umgezogen, haben also aus psychischen Gründen ihre bisherige Wohnung aufgegeben. Zu den Wohnungseinbrüchen kommen weitere zahlreiche Einbrüche in Industrieanlagen, Handelsbetriebe, Gaststätten und Ladengeschäfte hinzu. Besonders betroffen sind unter den Letzteren die Juweliere. In jeder Regionalzeitung wird man alltäglich mit dem Problem konfrontiert.

Zur Veranschaulichung einige Beispiele aus meinem Wohngebiet, nur aus der Zeit vom 2.2. bis 26.2.2016:

2. Februar 2016: Ausräumung einer Baustelle per LKW (!), Schaden 35.000.00 Euro.

Einbruch in eine Schule: Schaden 7000 Euro.

4. Februar: Imbissbude ausgeräumt, Schmuckgeschäft ausgeräumt, Täter gefasst und auf freien Fuß gesetzt!

6. Februar: Versorgungsgebäude eines Tunnels ausgeräumt. Schaden 10.000 Euro.

8. Februar: Einbruch in ein Einfamilienhaus. Schaden mehrere tausend Euro.

Einbruch in ein weiteres Einfamilienhaus. Gestohlen: Laptop, Computer, Smartphone. Wohnung durchwühlt.

10. Februar: Einbruch in eine Gaststätte.

11. Februar: Zwei Wohnungseinbrüche bzw. Versuche.

15. Februar: Einbruch in ein Restaurant, Plünderung eines Kiosk, Einbruch in eine Wohnung. Gestohlen: Geld und Schmuck.

19. Februar: Plünderung eines Spielautomaten in einer Gaststätte.

20. Februar: Einbruch in eine KFZ-Werkstatt, Diebstahl eines PKW. Schaden mehrere Zehntausend Euro.
Wohnungseinbruch, Diebstahl von Bargeld.

22. Februar: Fünf Wohnungseinbrüche.

24. Februar: Einbruch in ein Einfamilienhaus.
Hoher Sachschaden.

25. Februar: Wohnungseinbruch. Diebstahl von Schmuck und Bargeld.

26. Februar: Ladendiebstahl.

Diese Aufzählung von nur 24 Tagen ist bei Weitem nicht vollständig. Aber sie zeigt, was sich in unserem Land abspielt und wie professionell die Einbrecher hier arbeiten. Im April 2016 wurde aus einem Firmengelände sogar ein ganzer LKW gestohlen. Auch dies kein Einzelfall.

Ganz besonders schlimm sind die Verhältnisse an den deutschen Ostgrenzen. Hier sind die Raubtaten und Einbrüche für die Opfer oft existenzbedrohend und können ganze Betriebe zerstören. Verzweifelt fragen sich die Menschen, wie eine solche Entwicklung in einem „Rechtsstaat" wie Deutschland möglich ist. Bekannt ist längst, dass vor allem osteuropäische, sehr gut organisierte Banden hinter den Einbruchserien stecken. Das nimmt die Bundesregierung aber mehr oder weniger achselzuckend zur Kenntnis; nur 2 % der Täter werden tatsächlich verurteilt. Dabei wäre die Antwort aber einfach, wird indessen um jeden Preis von der Politik und auch von den Medien vermieden.

Nur ein prominenter Fachmann hatte kürzlich den Mut auszusagen. Oliver Malchow, Bundesvorsitzender der Gewerkschaft der Polizei (GdP), sagt mit vollem Recht: „Immer häufiger stehen organisierte Banden dahinter. Die Freizügigkeit in Europa führt dazu, dass sie auch aus großen Entfernungen anreisen können!" Dazu kommen dann noch Vereinbarungen über Visa-Freiheit mit Nicht-EU-Staaten, die auch für die Ukraine und andere Oststaaten eingeführt wird . Darunter ist sogar Georgien, woher besonders viele und brutale Einbrecherbanden kommen! Diese Visa-Freiheit wurde von der EU gegen den Widerstand der Bundesregierung beschlossen und Deutschland mit diesem Problem allein gelassen.

Immerhin haben auch der Bundesinnenminister und der Präsident des Bundeskriminalamtes bekannt gegeben (FAZ vom 15.10.2016), dass die organisierte Kriminalität in Deutschland, zu der auch die Einbrecherbanden gehören, immer mehr durch international agierende Tätergruppen geprägt wird. 2/3 der 8365 Tatverdächtigen seien Staatsangehörige aus 122 Ländern. Besonders stark vertreten seien Litauer, Georgier, Polen, Türken und Rumänen, darunter also auch aus Staaten, die zur EU gehören und deren Angehörige durch Wegfall deutscher Grenzkontrollen uneingeschränkte Einreisefreiheit genießen.

Es sind also auch „Europäer", die unser Land bandenmäßig ausplündern. Deshalb kann die Absicherung der EU-Außengrenzen insoweit nichts nützen.

Es steht mithin fest: Die enorme Zunahme der Einbrüche ist eine klare Folge davon, dass mit Zustimmung von Frau Merkel und der Bundestagsparteien wegen des „Schengen-Abkommen" die deutschen Grenzen, vor allem die deutschen Ostgrenzen, nicht mehr kontrolliert werden. Die Einbrecherbanden können unbehelligt einreisen und ebenso unbehelligt Deutschland mit ihrer Beute wieder verlassen.

Die Propaganda der Regierung, zur Bekämpfung der Einbrecherbanden sollten mehr Polizisten eingestellt werden, trägt zur Lösung des Problems kaum etwas bei. Die Regierung weiß das auch. Das bedeutet: Die Bundesregierung hat ihre eigenen Bürger vorsätzlich und uneingeschränkt ausländischen Räuberbanden hilflos zur Ausplünderung überlassen. Diese können sich so gut wie ohne jedes Risiko am Eigentum der Bürger in Deutschland bedienen. Nicht der deutsche Staat, sondern ihre „Leistungsfähigkeit" entscheidet allein, was den Deutschen noch bleibt.

Diesen Zusammenhang verschweigen Bundesregierung und Presse beharrlich, weil nur eine Wiedereinführung der Grenzkontrollen unter Aufgabe des Schengener Abkommens die richtige Maßnahme wäre. Aber „Europa" geht vor, das Interesse und die Not der eigenen Bürger in dieser Sache interessiert wenig. Hinter dieser Verweigerung stehen alle Parteien des Deutschen Bundestages.

Kein Wunder, dass die Wählerinnen und Wähler nach politischen Alternativen suchen.

Diese Freizügigkeit für Ausländer war auch ein Grund für die Briten, sich von der EU zu verabschieden. Andere Länder dürften folgen! Die ausländischen Räuberbanden treffen in

Deutschland so gut wie nicht mehr auf einen Staat, sie sind es in Wirklichkeit, die „souverän" auf diesem Gebiet sind. Für die Deutschen ist das wie eine Fremdherrschaft ohne Gegenwehr. Die Bundesregierung verweist die Bürger auf teure Selbsthilfemaßnahmen, obwohl sie allein den Schlüssel in der Hand hält. Das ist blanker Zynismus!

Die Ursache hierfür liegt im Schengener Abkommen begründet, vor dessen Abschluss lange zuvor die Polizei den damaligen Bundeskanzler Helmut Kohl gewarnt hatte. Schon Kohl haben die Straftaten, die auf die Bürger zukommen würden, nicht interessiert. Die warnenden Stimmen aus den Reihen der Polizei kamen ja nur von „Fachleuten", denen ansonsten der politische Durchblick zu fehlen scheint. Straftaten dieser Art sind eben nur Kollateralschäden der Europa-Politik schlechthin. Sie werden in Kauf genommen!

Zwar ist es für uns alle angenehmer, dass man bei Grenzübertritten keinen Ausweis mehr vorzeigen muss. Auch die Wirtschaft hat Vorteile. Der Verlust aber von Sicherheit im Inneren und der damit verbundene Verlust von Staatlichkeit ist ein zu hoher Preis. Ohne kontrollierte Grenze gibt es keinen Staat mehr, das Land wird zu einem frei zugänglichen Territorium für Jedermann.

In der FAZ vom 13.2.2017 weist Prof. Dr. Graf Kielmannsegg darauf hin, die Auffassung müsse erlaubt sein, dass „Keine Demokratie mit einer Politik faktisch offener Grenzen dauerhaft als Demokratie überleben kann". Auch sei das Bedürfnis nach Grenzen anthropologisch tief verwurzelt. Der entscheidende Grund für das Entstehen von Staaten überhaupt war und ist es, die Bürger davon abzuhalten, durch Selbsthilfe die Verteidigung ihres Lebens, ihrer Gesundheit und ihres Besitzes zu regeln, indem das Gewaltmonopol, politische Gewalt also, dem jeweiligen Staat übertragen wird. Seinen Bürgern Sicherheit zu gewährleisten ist historisch und sachlich die wichtigste Staatsaufgabe überhaupt. Davon kann im heutigen Staat, in Deutschland, überhaupt keine Rede mehr sein. Millionen von Menschen sind in ihrer eigenen Wohnung nicht mehr sicher. Wenn sich das nicht ändert, werden die Bürger dem hier zu beobachtenden Entstaatlichungsvorgang auch durch die Gründung von Bürgerwehren Rechnung tragen müssen. Das wäre erstens nur logisch, und zweitens aus Sicherheitsgründen geboten. Wenn die Politik das nicht will, muss sie die Staatlichkeit durch bewachte Grenzen wieder herstellen.

II.

Fremdherrschaft
ausländischer Auto- und Fahrraddiebe

Die ARD vermittelte den Sachverhalt in einer glänzend recherchierten Panorama-Sendung am 22.9.2016 erstmals richtig deutlich: In großem Umfang stehlen organisierte Banden aus Osteuropa in Deutschland Fahrräder. Diese werden eingesammelt, in LKW verladen, risikolos über die deutsche Ostgrenze nach Osteuropa gebracht und dort verkauft. Die ARD konnte das zum Beispiel auf einem Flohmarkt in Litauen nachweisen. In Cottbus konnten einmal drei hochprofessionelle Diebesbanden aus Polen dingfest gemacht werden, die über 500 Fahrräder im Wert von über 360.000 Euro erbeutet hatten. Ein solcher polizeilicher Zugriff gelingt aber sehr selten. Das Risiko dieser Banden ist ähnlich so gering wie das der oben behandelten Einbrecher. Im April 2017 fand die Hamburger Polizei auf einem Betriebsgelände 1500 gestohlene Fahrräder, die zum Abtransport nach Osten bereit standen.

Jede zweite Minute wird in Deutschland ein Fahrrad gestohlen. Gäbe es indessen noch eine deutsche Grenzkontrolle, wäre der Export gestohlener Fahrräder mit diesen vollbeladenen Lastkraftwagen leicht zu verhindern. Auch hier wird wegen der mangelnden Präsenz des deutschen Staates und seiner buchstäblich grenzenlosen Durchlässigkeit den Verbrecherbandenvolle Wirkungsmöglichkeit garantiert. Diese praktizieren Fremdherrschaft, als ob es einen deutschen Staat überhaupt nicht gäbe.

Eine ähnliche Entwicklung zeigt sich auch bei Auto-Aufbrüchen und Auto-Diebstählen. Besonders haben es ausländische Banden auf Navigationsgeräte, vor allem in hochwertigen Autos, abgesehen. Eine Überschrift aus dem „Mannheimer Morgen" vom 22.9.2016: „Schon mehr als 650 Navigationsgeräte gestohlen!" Diese Zahl bezieht sich auf ein relativ kleines Einzugsgebiet dreier Polizeipräsidien in Mannheim, Ludwigshafen und Darmstadt. Die Schäden sind gewaltig. Allein im Bezirk des Mannheimer Präsidiums betrugen sie mehr als 3 Millionen Euro, weil neben der Entwendung der Navigationsgeräte schwere Schäden an den Autos entstanden sind. Auch hier wurden Tätergruppen aus Osteuropa ausgemacht, während das Diebesgut in Osteuropa längst vermarktet wurde.

Wiederum ist die Polizei machtlos. Grenzkontrollen könnten helfen. Das aber will die Bundesregierung nicht. Sollen doch die Bürger auch diese Risiken zugunsten „Europas" und die damit einhergehende Entstaatlichung Deutschlands als Kollateralschäden tragen.

Festzuhalten ist auch hier besonders, dass die Täter nicht etwa Flüchtlinge sind, sondern als Europäer aus osteuropäischen Ländern einreisen. So werden ihre Herkunftsländer gewissermaßen durch die Politiker in Deutschland eingemeindet.

Extrem vermehrte Unsicherheit auf den Straßen gibt es auch durch Taschendiebstähle und zunehmende Angriffe auf Passanten, insbesondere Frauen, die sexuelle Belästigungen ertragen müssen. Das führt dazu, dass sich viele Frauen in den Abendstunden und auch in einschlägigen Stadtvierteln nicht mehr auf die Straße trauen. Gleichermaßen vermeiden viele Menschen vorsichtshalber Massenversammlungen. Sowohl zu Hause als auch auf der Straße ist man in Deutschland nicht mehr sicher.

Das alles sind unglaubliche, bisher nicht gekannte Zustände, die wesentlich durch die offenen Grenzen und die damit verbundene „Europa-Politik" geprägt werden bzw. damit zusammenhängen. In einem demokratischen Rechtsstaat könnten solche Zustände niemals herrschen. „Europa" kann es auch ohne „Schengen" geben. Das gilt umso mehr, als nach einer Analyse von Europol in Europa mehr als 5000 internationale Verbrecherbanden aktiv sind. (Mannheimer Morgen vom 10.3.2017)

III.

Fremdherrschaft der türkischen Ditib

Eine Ausgeburt der Phantasie

Um zu verstehen, was sich hier abspielt, stelle man sich bitte folgendes Szenario vor: Die in Deutschland durch das Grundgesetz durchgeführte Trennung von Kirche und Staat wird aufgehoben. Die Kirche wird zur Staatskirche, wie etwa früher in Preußen. Oder wie heute noch in England, wo die Königin gleichzeitig Oberhaupt der anglikanischen Kirche ist. Man stelle sich weiter vor, tausende von katholischen Priestern und evangelischen Pfarrern würden in den Staatsdienst übernommen. Viele Hundert dieser geistlichen Beamten werden in moslemische Länder, insbesondere in die Türkei, geschickt, um den dort lebenden Deutschen Kirchen zu bauen und ihnen auf Deutsch das Evangelium zu predigen. Wie die Predigten auszusehen haben, werde nicht etwa vom Papst oder von den Bischöfen der evangelischen Kirche, sondern von der Bundesregierung vorgegeben. Alle vier Jahre werden diese Geistlichen ausgewechselt, damit sie sich nicht zu sehr in das Gastland integrieren, dessen Sprache sie erst gar nicht lernen sollten.

Wegen der engen Verbindung von Staat und Kirche gibt es auch ein großes Religionsministerium in Berlin. Die Koordinierung der von der Bundesregierung im Ausland betriebenen Religionspolitik geschieht vor Ort durch die jeweilige deutsche Botschaft. Die deutschen Glaubensboten werden in den moslemischen Ländern wohlwollend aufgenommen. Ihre Einwanderung wird aufgrund der religiösen Zielsetzung erleichtert und sogar aus öffentlichen Mitteln unterstützt. Der jeweilige Staat und die Vereinigung islamischer Staaten gewähren hohe finanzielle Zuschüsse um den christlichen Kirchenbau zu fördern. Alteingesessene Muslime, denen dieses Treiben nicht gefällt und die dafür den eigenen Staat kritisieren, werden des Rassismus verdächtigt und mundtot gemacht. Hohe islamische Imame begrüßen in feierlichen Konferenzen den Bau der Kirchen und meinen gar, die Christen seien zu fördern, weil Gott endlich von ihnen wieder in das Land gebracht werde. Eine geistige Auseinandersetzung mit dem Christentum findet nicht statt. Ab und zu reist der deutsche Kanzler in solche Länder und begrüßt insbesondere frühere Deutsche, die die dortige Staatsangehörigkeit zum Teil angenommen haben. Er betont dabei, sie wären schließlich deutsche Landsleute und warnt sie unmissverständlich, sich in ihrem Gastland zu assimilieren.

Kann man sich eine solche Geschichte auch nur einen Augenblick lang als realistisch vorstellen? Die Antwort kann nur heißen: Undenkbar! Kein Staat würde es doch dulden, dass hunderte von Beamten eines anderen Staates auf dem eigenen Staatsgebiet, nach den Weisungen einer fremden politisch handelnden Regierung, tätig werden. Solches hinzunehmen hieße einen schweren Eingriff in die eigene Souveränität zu akzeptieren. Der eigenen Regierung würde die Steuerung wichtiger politischer Entscheidungen aus der Hand genommen.

Wer dieses Szenario für undenkbar halten sollte, befände sich aber in einem fundamentalen Irrtum: Ich habe nämlich nur geschildert, was sich seit Jahrzehnten auf deutschem Boden unter dem Einfluss der türkischen Regierung und unter dem Wohlwollen der deutschen Regierung abspielt.

Staatlich gelenkte türkische Aktivitäten in Deutschland

Der türkische Staat unterhält ein Religionsministerium, welches nach seinem Umfang und den ihm zur Verfügung stehenden Mitteln das zweitgrößte Ministerium, nach dem Verteidigungsministerium, ist. Dieses Ministerium leitet eine Organisation mit der Bezeichnung „Diyanet Isleri Türk Islam Birgili". Sie bedeutet so viel wie „Türkisch-Islamische Union der Anstalt für religiöse Angelegenheiten." Schon der Begriff „Türkisch-Islamisch" beweist, dass hier nationale, politische und religiöse Elemente untrennbar miteinander verbunden sind. Die Abkürzung dieser Bezeichnung lautet „Ditib".

Unter diesem Namen tritt das Religionsministerium in Ankara machtvoll in Deutschland auf. Dabei gibt es durchaus rechtlich Untergliederungen, wie z. B. Moschee-Vereine nach deutschem Vereinsrecht, die aber alle am gleichen Zügel hängen.

Die Ditib ist Teil der türkischen Staatsgewalt und unterscheidet sich grundlegend von Organisationen, die etwa lokal durch hier lebende Türken gegründet wurden und werden.

Sie ist keine Organisation von Einwanderern, sondern Handlungsinstrument eines fremden Staates. Wenn sie das neuerdings bestreitet, ist dem nach ihrer eigenen Konstruktion kein Glauben zu schenken. Hunderte von Moscheen, insbesondere die größten Moscheen in Deutschland, wurden und werden von der Ditib gebaut und gehören ihr.

Der Ditib sind rund 900 Moschee-Vereine angeschlossen. Die Mittel dazu kommen vom türkischen Staat, wohl aber auch aus Saudi-Arabien und anderen islamischen Ländern. Sie kommen aber auch von deutscher Seite, aus Länder- oder Gemeindehaushalten.

Nach einer mir erteilten Auskunft des Bundesinnenministeriums schickt die Türkei jährlich beamtete Imame in unser Land, die durchschnittlich vier Jahre in Deutschland bleiben. Allein den rund 900 Ditib-Moscheen (es gibt auch noch viele andere) ist in der Regel je ein beamteter Imam zuzuordnen. Die Imame werden vom türkischen Staat bezahlt, von ihm für ihre Tätigkeit in Deutschland angeleitet und überwacht. Selbst die Freitagsgebete in den deutschen Moscheen werden in Ankara vorformuliert. Sie sind also weisungsgebundene Beamte eines fremden Staates. Um diese Weisungsgebundenheit nicht zu gefährden, werden sie alle paar Jahre ausgetauscht. Sie dürfen sich keinesfalls in Deutschland integrieren oder gar assimilieren.

An der Spitze der Ditib in Deutschland steht auch noch ein Botschaftsrat der türkischen Botschaft in Berlin, was den staatlichen Einfluss unterstreicht. Auch die türkischen Konsulate sind in die Bereitstellung und Überwachung dieser „Geistlichen" eingeschaltet. Die in Deutschland oft gehörte Behauptung, die Türkei sei seit den Reformen von Kemal Atatürk ein Land, in dem Staatsgewalt und Religionsausübung getrennt seien, bleibt ein Märchen.

Eine engere Verbindung, wie die hier gegebene, nämlich die Imame beim Staat anzustellen und sie dessen Weisung zu unterstellen, kann es nicht geben. Es ist klar, dass diese Imame einen Staats-Islam verkünden. Die Islamisierung Deutschlands ist also kein durch Zuwanderung sich örtlich stellendes Problem, sondern ein – das ist eine ganz wichtige Feststellung – vorrangig politisch betriebenes Projekt des türkischen Staates.

Die beamteten Imame üben auf deutschem Boden türkische Staatsgewalt aus. So handeln sonst nur Besatzungsmächte! Das wird geduldet, obwohl nach Völkerrecht jede hoheitliche Tätigkeit auf fremdem Staatsgebiet als unzulässige Beeinträchtigung der Gebietshoheit zu beurteilen ist. (Prof. Christian Tomuschat in der FAZ vom 7.3.2017)

Viele tausend junge Menschen werden auf deutschem Boden im Sinne des türkischen Staates, welcher derzeit von Staatspräsident Erdogan geführt wird, erzogen. Der alewitische Funktionär Toprag formulierte: „Wir überlassen bereitwillig eine ganze Generation von jungen Muslimen in Deutschland den konservativen Scharfmachern in der Türkei. (Junge Freiheit vom 7.10.2016). Der Islam-Wissenschaftler Ralph Ghadbhan formulierte im Focus: „In den Moscheen werden Erziehung und Sozialarbeit auf der Basis eines anderen Wertesystems, nämlich der Scharia, geleistet. So können Kinder und Enkelkinder der muslimischen Migranten weiterhin gegen unsere Gesellschaft erzogen werden!" (Zitat aus Preußische Allgemeine Zeitung (PAZ) vom 6.1.2017). Was im Einzelnen gepredigt wird, wissen wir nicht, die Bundesregierung hat sich jedenfalls bis heute kaum darum gekümmert.

Deutsches Recht, insbesondere das Schulrecht, bleibt außen vor. Vor dem Hintergrund des massiv christenfeindlichen Korans kann man sich vorstellen, wie gefährlich diese Entwicklung ist oder sein kann. Immerhin finden sich im Koran die folgenden Sätze: „ Die Christen sagen: Christus ist Gottes Sohn. Gott verfluche sie." (Sure 9,29/30). „Die Vergeltung derer, die gegen Gott und seinen Gesandten (Mohammed) kämpfen, ist, dass sie getötet oder gekreuzigt, oder ihnen Hände und Füße abgehauen werden." (Sure 5,33). Zum 30.12.2016 ließ die der Ditib übergeordnete Diyanet in allen Moscheen der Türkei eine

Freitagspredigt verlesen, in der es heißt, dass alle die (wie die Christen) Silvester feiern, ein „illegitimes, mit unserem Wesen unvereinbares Verhalten" an den Tag legen. Eine in der Türkei zu hörende Meinung verlangt sogar für solche, die dazu in einem islamischen Land Alkohol trinken, die Todesstrafe! (Bülent Mumay, FAZ vom 5.1.2017)

Das so gesteuerte Auftreten dieser Ditib und des türkischen Staates verschiebt die Sache auf eine andere Ebene, nämlich auf das völkerrechtliche Verhältnis zwischen Staaten. Dadurch werden zentrale Probleme deutscher Innenpolitik zu internationaler Verhandlungsmasse: Mit angeblichen Zwängen, die sich regelmäßig auf Kosten der eigenen Bevölkerung durchzusetzen pflegen. Mit Sicherheit wäre die Integration der hier ansässigen Moslems schon viel weiter fortgeschritten, wenn nicht der türkische Staat durch die Ditib in das Geschehen eingreifen würde, mit dem Ziel, immer weitere Teile Deutschlands nicht nur zu islamisieren, sondern durch Bildung von Parallelgesellschaften politische Brückenköpfe zu bilden. Mit Recht spricht Georg Paul Hefty in einem FAZ-Artikel von „Vorposten des Türkentums". Kein anderes Land, dessen Angehörige in Deutschland leben und arbeiten, entfaltet solche Initiativen wie die Türkei.

Aufenthaltsrecht der Imame

Ich habe mich gefragt, auf welcher Rechtsgrundlage sich diese Imame hier eigentlich aufhalten. Ich wurde auf Anfrage vom Bundesinnenministerium dahingehend belehrt, sie würden aufgenommen, weil sie als „vorwiegend aus religiösen Gründen beschäftigt" angesehen werden, obwohl man das gar nicht weiß, weil sie kaum Deutsch sprechen und ihre Lehren auf Türkisch oder Arabisch verbreiten. Was sie treiben und reden entzieht sich den Erkenntnismöglichkeiten der Deutschen Behörden. Die Tätigkeit dieser Imame wird nicht geprüft sondern leichtfertig als legal unterstellt. Das ist ein beispielloser Akt deutscher Unterwerfung. Das Verhalten der Bundesregierung ist verfassungswidrig und feige: Es ist eindeutig, dass hier der Türkei Fremdherrschaft auf deutschem Boden erlaubt und diese sogar gefördert wird.

Moschee-Bauten

Dem Bau der Moscheen wohnt ein durch und durch aggressiver Geist inne. Das sieht man an den Namen, welche diese Moscheen tragen. Ein großer Teil von ihnen, vor allem die großen, tragen ausgerechnet den Namen des Sultans Fatih Mohammed II. Dieser hat im Jahre 1453 Konstantinopel erobert und unter den dortigen Christen, einschließlich der Priester der Hagia Sophia, der damals größten christlichen Kirche der Welt, ein Blutbad angerichtet. Andere Moscheen heißen Tariq-Moscheen, nach dem Anführer der Araber, die Anfang des 8.Jahrhunderts Spanien bis zu den Pyrenäen erobert haben und später auch nach Frankreich vordrangen, wo sie durch Karl Martell 732 besiegt wurden. In diesem Zusammenhang ist festzustellen, dass der Islam in der ganzen Welt kaum durch Mission, sondern vielmehr durch Krieg und Gewalt verbreitet worden ist. Man stelle sich vor, christliche Kirchen (es gibt allerdings in diesem früher durch und durch christlichen Land kaum noch welche) würden in der Türkei nach Feldherren benannt, welche die Türken im Lauf

25

der Jahrhunderte besiegt haben, z. B. nach Prinz Eugen, dem Fürsten Starhemberg, der 1683 erfolgreich Wien verteidigte, oder dem König Sobieski von Polen. Auch Don Juan d′Austria, der Sieger der Seeschlacht von Lepanto, käme in Betracht. Nie käme ein Europäer oder gar ein Christ auf solche Ideen. Es ist in Wahrheit eine unglaubliche Provokation, in einem fremden Land ein Gotteshaus nach einem Eroberer zu benennen. Dahinter steckt, auch unter dem Einfluss der Ditib, ein Programm der Volksverhetzung insbesondere junger türkischer Einwanderer, die natürlich aus solcher Namensgebung ihre Schlüsse ziehen.

Mein Versuch, einmal die Staatsanwaltschaft in Mannheim mit diesem Thema zu befassen ist naturgemäß gescheitert. Die Behörde unternahm nichts. Diese offensichtliche Demütigung und Provokation wird vom deutschen Staat hingenommen. Bei dieser absolut negativen Grundeinstellung türkischer Deutschland-Politik ist es kein Wunder, dass junge Türken vielfach die Deutschen verachten: Dies schon dadurch, dass sie sich alles gefallen lassen und damit Ehrlosigkeit unter Beweis stellen.

Die von der DITIB beherrschten Moscheen sind keineswegs nur Gebetshäuser, sondern Mittelpunkte des türkischen Lebens, eine Art Ordensburgen, von denen aus das umliegende Land Schritt für Schritt unter Kontrolle gebracht werden soll und in vielen Städten auch schon unter Kontrolle gebracht worden ist.

In bestimmten Stadtteilen deutscher Städte wird kaum noch Deutsch gesprochen, die deutschen Einwohner ziehen aus diesen Vierteln weg. Parallel dazu fällt auf, dass auffallend viele türkische Privatleute deutsche Grundstücke aufkaufen. Es ist bekannt, dass, auf welchen Wegen auch immer, der türkische Staat auch hierbei finanziell behilflich ist.

Vor diesem Hintergrund erscheint es höchst befremdlich, dass die Bundesregierung bisher die Ditib auch noch auffällig unterstützt hat: Bei der kürzlich stattgefundenen 10-Jahresfeier der „Deutschen Islamkonferenz" durfte ausgerechnet ein Ditib-Funktionär die Festrede halten! Auch erhält die Ditib viel Geld aus der deutschen Staatskasse!

Zur Tätigkeit der Imame

Es ist sehr merkwürdig, dass die Weltöffentlichkeit sich nicht näher mit den „Imamen" befasst. Fast jeden Tag erreichen uns Meldungen in den Medien über Terroranschläge. Dabei bestätigt sich regelmäßig, dass es junge, meist noch minderjährige Moslems sind, die ihnen unbekannte Männer, Frauen, Kinder und sich selbst in die Luft sprengen. Es ist inzwischen eine allgemeine Erkenntnis, dass alle diese Schreckenstaten das Werk von Imamen sind, welche den Jungen unter Nutzung ihres überlegenen Einflusses das Paradies versprechen, wenn sie als Selbstmörder andere Menschen umbringen. Hinter jedem Terrorakt dieser Art steht ein islamischer Imam und wäre damit als Schreibtischtäter für diese Mordtaten verantwortlich. Noch nie aber ist ein solcher Imam nach dieser Erkenntnis zur Verantwortung gezogen worden. Dabei wäre es sicherlich in allen Ländern leicht möglich, die Imame zu ermitteln, unter deren Einfluss die jungen Attentäter zuvor gestanden haben.

Ich will den hier in Deutschland tätigen Imamen nicht generell unterstellen, dass sie diese mörderische Auffassung bestimmter Imame teilen. Es fällt aber auf, dass die Ditib-Imame sich von den Mordtaten, die von ihren Kollegen als Schreibtischtäter begangen werden, nicht oder kaum distanzieren. Es gilt hier der lateinische Rechtssatz: „Qui tacet consentire videtur", „Wer schweigt scheint zuzustimmen". Die Tätigkeit beamteter Imame auf deutschen Boden muss verboten werden, weil diese mangels Trennung von Religion und Politik gleichzeitig als türkische Beamte Hoheitsrechte des türkischen Staates auf deutschem Boden ausüben.

Die **Ditib-Moscheen** sind in Wirklichkeit **Behörden des türkischen Staates** auf **deutschem Boden**, die von dem Diktator Erdogan kommandiert werden. Das haben unsere Behörden immer noch nicht begriffen, obwohl nach „langem Schlaf" neuerdings einzelne Bundesländer die Ditib kritischer sehen. Immerhin gehen sie jetzt dem Verdacht nach, dass Ditib-Imame auf Weisung Ankaras in Deutschland angebliche Gülen-Anhänger aufgespürt und der Erdogan-Diktatur gemeldet haben.

In Österreich ist man da offensichtlich weiter: In einer Sendung der ARD vom 2.10.2016 (Anne Will) äußerte der österreichische Außenminister Kurz, die Entsendung von Imamen aus der Türkei werde nicht mehr zugelassen. Dort existiert unter dem Namen „ATIP" eine der Ditib entsprechende Staatsorganisation.

Die Souveränität Deutschlands gebietet, die Tätigkeit der Ditib schlechthin zu unterbinden. Es muss erreicht werden, dass die islamischen Gemeinden ihre Imame selbst wählen, nachdem sie in Deutschland ausgebildet worden sind. Nur so kann die besonders gefährliche Art türkischer Fremdherrschaft auf deutschem Boden beendet werden. Die herrschenden Politiker in Deutschland interessiert das Problem nicht oder kaum, obwohl hier unverzichtbare staatliche Hoheitsrechte an die Türkei abgetreten sind. Lieber „schmust" man mit dem Diktator Erdogan, der offenbar einiges bei Hitler gelernt hat. Hitler ließ die ihn ablehnenden kommunistischen Reichstagsabgeordneten verhaften. Erdogan tut das gleiche mit gewählten Abgeordneten der Opposition, insbesondere der Kurden. Dieser Diktator Erdogan ist es aber, der über die Ditib in Deutschland Staatsgewalt ausübt. Dass er in Deutschland schon mitregiert, sieht man auch daran, dass er es geschafft hat, hier Wahlveranstaltungen für sich und seine Partei abzuhalten, bei denen Hallen, Straßen und Plätze in türkischen Fahnen buchstäblich ertrinken. Man sieht schon jetzt in Deutschland oft mehr türkische als deutsche Fahnen! Die deutsche Regierung duldet das alles! Selbst der Grünen-Chef Cem Özdemir fordert das Ende des „Kuschel-Kurses" gegenüber Ankara. Es sei nachgerade absurd, wenn der türkische Ministerpräsident in Oberhausen Werbung für die Einrichtung einer Diktatur daheim machen darf, und das Recht für Oppositionelle, dies zu kritisieren, mit Füßen getreten wird. (Mannheimer Morgen vom 20.2.2017)

IV.

Lokale Fremdherrschaft
durch Parallelgesellschaften

Es ist allgemein bekannt, das vor allem in deutschen Großstädten sogenannte „Parallel-Gesellschaften" entstanden sind. Sie bestehen aus meist türkischen oder arabischen Bevölkerungsgruppen, die sich in fast jeder Hinsicht von der Mehrheitsgesellschaft abschotten. Vielfach herrschen in ihnen „Großfamilien", die erhebliche Macht ausüben, mitunter aber auch untereinander verfeindet sind. Sie leben nach ihren eigenen Regeln und entziehen sich der deutschen Staatsgewalt. Das geht bis hin zu einer eigenen Gerichtsbarkeit durch sogenannte „Friedensrichter". In einem Interview (Junge Freiheit vom 7.10.2016) findet der Politologe und Islam-Wissenschaftler, Professor Dr. Ferhad Ibrahim Seyder den Begriff „Parallelgesellschaft" mit Recht noch als verharmlosend: Denn was eigentlich stattfinde, sei der Versuch, eine neue „Kultur" im Abendland zu etablieren.

Im Gebiet der „Parallelgesellschaften" entstehen sogenannte „No-Go Areas", als jedenfalls vom Deutschen Recht „befreite" Räume, z. B. in Berlin, im Ruhrgebiet, in Duisburg, Essen und anderen Großstädten. In diese Gebiete traut sich selbst die deutsche Polizei kaum mehr hinein. Vor allem in Frankreich sind solche der Staatsgewalt entzogene Gebiete, etwa in Paris, längst Realität. Hier ist der Staat so gut wie nicht präsent.

Es besteht hier eine, wenn auch räumlich begrenzte, Fremdherrschaft über das eigene Staatsgebiet etwa der Deutschen oder der Franzosen: Es findet ein anarchischer Zerfall des Staates statt. Die Zustände können hier nur angedeutet werden. Eine ausführliche Darstellung findet sich in dem Buch von Udo Ulfkotte/Stefan Schubert, „Grenzenlos kriminell", unter dem Abschnitt „Deutschlands Städte verkommen zu No-Go Areas", als eigenes Kapitel XI. (Kopp Verlag).

Die aus diesen Verhältnissen hergeleitete Anspruchshaltung zeigte sich kürzlich in Berlin, wo der „Türkische Bund Berlin Brandenburg (TBB)", gefordert hatte, die Deutsch-Pflicht auf Berliner Schulhöfen abzuschaffen!

Immerhin hat im Oktober 2016 Nordrhein-Westfalens Innenminister Rolf Jäger (SPD) die „Existenz ausländischer Parallelgesellschaften" beklagt, es sei Integrationspolitisch eine Menge schief gelaufen. Nun leben hier Menschen ohne Deutsch sprechen zu müssen. Außer dem billigen Satz: „Daraus solle man für die Zukunft lernen", fiel ihm nichts Weiteres ein. Es bleibt so, wie es ist: Adé Deutschland!

V.

Fremdherrschaft durch Saudi-Arabien

Es gibt wichtige Anhaltspunkte, dass Saudi-Arabien eines der gefährlichsten Länder der Welt ist. Die herrschende saudische Königsfamilie praktiziert einen knallharten Islam (Wahhabismus bzw. Salafismus), dessen Regeln und Gesetze in Deutschland die verfassungsmäßige Ordnung beseitigen würden: Absoluter Vorrang der Religion auch in der Politik, Anwendung der Scharia, massenhafte Hinrichtungen, Peitschenhiebe für Gefangene, Frauenfeindlichkeit bis hin zum Verbot des Autofahrens, enge Anbindung an den christenfeindlichen Koran ect.

Dies alles könnte uns gleichgültig sein, wenn nicht Saudi-Arabien durch seine riesigen Ölvorkommen in der Lage wäre, in der ganzen Welt für seinen Wahhabismus zu werben und ihn durchzusetzen. Ohne das Öl würden die Saudis noch als Beduinen durch die Wüste ziehen, das Öl macht sie zu einer finanziellen Weltmacht. Auch in Deutschland ist Saudi-Arabien intensiv tätig. Zahlreiche Moscheen wurden und werden mit saudischem Geld gebaut. In Mannheim wollte kürzlich die religiös-extremistische Salafistenbewegung mit 3 bis 4 Millionen Dollar aus Saudi-Arabien ein Grundstück kaufen und dort eine salafistische Moschee bauen. Dies konnte aber zum Glück verhindert werden (Mannheimer Morgen vom 14.10.2016). Ähnliche Vorgänge gab es auch in anderen Gemeinden. Flüchtlinge aus den arabischen Nachbarstaaten nimmt Saudi-Arabien selbst nicht oder kaum auf, hat aber angekündigt, vor allem in Deutschland für die zuwandernden Moslems zweihundert

Moscheen bauen zu wollen. Das ist wie eine Kriegserklärung an Deutschland. In den syrischen Krieg ist Saudi-Arabien als sunnitische Macht intensiv eingebunden und für die dortigen schlimmen Zustände mitverantwortlich. Das aber hindert die Bundesregierung nicht, massenhafte Lieferungen von Kriegsmaterial an Saudi-Arabien zuzulassen. Der saudische König wurde feierlich in Berlin empfangen! Wir müssen endlich begreifen, dass es unser Geld ist, das wir für Öl an Saudi-Arabien zahlen und das zur Finanzierung gefährlicher saudischer Islam-Intervention nach Deutschland zurückkehrt.

Ein Ansatz, diese Entwicklung zu bekämpfen, wäre auch, möglichst wenig Öl, schon gar kein saudisches Öl, zu verbrauchen. Sinkende Öl-Preise sind hier hilfreich; derzeit weist Saudi-Arabien sogar ein hohes Haushaltsdefizit aus.

Im Übrigen müsste Deutschland verhindern, dass Saudi-Arabien weiterhin massenhaft Moscheen in Deutschland finanziert. Der schon begonnene Import ausgerechnet des wahhabitischen Islams ist auch eine Form angestrebter und zum Teil erreichter gefährlicher Fremdherrschaft, die hier auf keinen abwehrbereiten Staat trifft. Die Islamisierung auch Deutschlands ist ein Hauptziel saudischer Politik. Es ist auch zu vermuten, dass die Saudis Einfluss auf die Zuwanderung von Flüchtlingen nach Deutschland nehmen, insbesondere durch finanzielle Unterstützung. Es wäre ansonsten nicht zu erklären, woher die Migranten das viele Geld für die Schlepper und ihre länger andauernde Flucht nehmen.

Diese Fragen werden von den Regierungen in Bund und Ländern nicht oder kaum gestellt, auch hier nur Feigheit und Unterwerfung. (Arabisch: Islam). Von Souveränität gegenüber der seit Jahren bestehenden saudischen Intervention in Deutschland keine Spur! Die Feststellung: „Deutschland verändert sich", ist das Einzige, was der Politik dazu einfällt. Ob das Volk eine solche Veränderung will, interessiert nicht. Bedingungslose Kapitulation auch hier, statt klarer Handlungen im Interesse unseres Landes. Die Verdrängung deutscher Staatsgewalt durch Saudi-Arabien ist wie die Ditib ebenfalls eine Form der Fremdherrschaft auf wichtigen Gebieten.

Vielfach bestimmen die Saudis mit ihrem Geld, was in Deutschland geschieht, nicht wir selbst oder unsere Regierung.

VI.

Der Fremdherrschaftsanspruch des Islam

Das Problem des Islam wurde schon in den vorangehenden Kapiteln angeschnitten, die sich aber schwerpunkmäßig auf Staatsinteressen der Türkei oder Saudi-Arabiens beziehen bzw. Parallelgesellschaften beschreiben. Eine Erörterung von Formen der Fremdherrschaft in Deutschland kommt aber nicht ohne eine zusätzliche Betrachtung des Islam aus:

Deutschland steht eine buchstäblich existentielle Auseinandersetzung bevor. Islamische Kräfte sind zum Angriff auf die Westliche Kultur angetreten, die sie verachten. Wir sind für sie Ungläubige, die Gott nach dem Koran (Übersetzung von Bobzin, 2. Auflage 2015) ausrotten will (Sure 8,7). „Ich werde in den Herzen derer, die ungläubig sind Schrecken werfen! So haut sie auf den Nacken und haut auf alle ihre Finger" (Sure 8,12). „Siehe die schlimmsten Tiere für Gott sind jene, die ungläubig sind" (Sure 8,55). Hier wird Menschen das Menschsein abgesprochen! „Verkünde denen, die ungläubig sind schmerzhafte Strafe"! (Sure 9,3). „Kämpft gegen die, die nicht an Gott glauben, bis sie erniedrigt den Tribut aus der Hand entrichten". „Die Christen sagen: Christus ist Gottes Sohn. Gott verfluche sie" (Sure 9,29/30). „Die Vergeltung derer, die gegen Gott und seinen Gesandten (wohl Mohammed) kämpfen", ist, „dass sie getötet oder gekreuzigt werden oder ihnen ihre Hände und Füße abgehauen werden (Sure 5.33). Tötet sogar Ungläubige mit denen ihr einen Bund geschlossen habt (sogenannte „Beigeseller"), nach Ablauf des Verfahrens, „wo immer ihr sie findet, ergreift sie, belagert sie und lauert ihnen auf aus dem Hinterhalt. Doch wenn sie sich bekehren (also Moslems werden) dann lasst sie laufen" (Sure 9,5). In einem Interview der Preußischen Allgemeinen Zeitung (23.12.2016) sagte der Patriarch der syrischkatholischen Kirche in Antiochien, Ignatius Joseph III Younan, dass viele Moslems ihren Koran wörtlich verstehen. „Das ist das Wort von Gott, das uns bittet, die Ungläubigen zu bekämpfen." Das ist die Wurzel des Problems – also der Koran. Nicht alle Muslime seien Terroristen, aber leider seien die Terroristen des 21. Jahrhunderts bislang fast alle Muslime gewesen.

Schlimme Gewalt haben sicher auch die Christen in der Vergangenheit geübt. Das hat aber immer gegen das Neue Testament verstoßen, das keine Gewalt kennt. Die Moslems hingegen werden im Koran knallhart zur Gewalt aufgerufen und können sich auf ihn berufen. Das ist der Unterschied.

Stünden die zitierten Koran-Sätze in einem anderen Papier, wäre längst der Staatsanwalt wegen strafbarer Volksverhetzung nach § 130 des Strafgesetzbuches eingeschritten. Für Moslems scheint deutsches Recht aber nicht zu gelten, die im Koran verpflichtend enthaltenen Mordaufrufe sind überall zugänglich! Das ist das Eine. Auf der anderen Seite denken viele Moslems, die unter uns leben nicht so wie es im Koran steht. Auch nehmen wir moslemische Flüchtlinge auf und sollten sie selbstverständlich gut behandeln. Unter ihnen können wir aber die einen von den anderen oft nicht unterscheiden. Die massenhafte Verfolgung von Christen selbst in den Flüchtlingslagern durch Moslems gibt ebenso zu denken wie das negative Frauenbild von Moslems und die Übergriffe auf Frauen in Köln und anderwärts. Auch findet weltweit eine immer brutalere Verfolgung von Christen durch Moslems statt. Länder (wie auch die Türkei), die früher ganz und gar christlich waren, sind von Christen so gut wie entleert, diese wurden ermordet oder vertrieben.

Vor allem Saudi – Arabien und die Türkei betreiben, wie dargestellt, von Staatswegen die Islamisierung Europas und bauen massenhaft Moscheen. Die Türkei treibt den Islamisierungsprozess in Deutschland über ihre Organisation „Ditib" rasch voran. Besonders deutlich hat der bekannte muslimische Politikwissenschaftler Professor Bassam Tibi vor einer Islamisierung Europas gewarnt. Die Politik der organisierten Islam-Verbände laufe auf dieses Ziel hinaus.

Auch der von ihnen betriebene „Christlich-Islamische" Dialog sei nichts anderes als ein Instrument zur Erreichung dieses Ziels, der Dialog beruhe auf Täuschungen. In einem Vortrag betonte er, der Islam stelle nach Kommunismus und Nationalsozialismus als dritte totalitäre Gesellschaftsauffassung Europa vor eine neue Herausforderung (Junge Freiheit vom 2.12.2016).

Zu all dem sind folgende Fakten unumstößlich festzuhalten:

1. Der Islam verfolgt – wie einst die Kommunisten das Ziel der Weltherrschaft. Dieses Ziel wird mit allen und nach dem Koran ausdrücklich erlaubten Methoden der Gewalt und der Täuschung verfolgt. Der Islam ist in der Geschichte kaum durch Mission, sondern in erster Linie durch Krieg und Gewalt verbreitet worden. Auch Mohammed hat massenhaft Kriege geführt und ganze Städte und Länder erobert.

2. Der Islam lehnt die allein Demokratie und Rechtstaatlichkeit sichernde Trennung von Staat und Religion ab. Erdogan führt diesen Grundsatz derzeit für alle Welt sichtbar

vor. Einer seiner Sprüche lautet: „Der Weg des Propheten Mohammed ist mein Fahrplan." Dabei bezieht er sich auch auf den Koran. Auch äußerte er: „Ich glaube nicht daran, dass Frauen und Männer gleich sind". (Bülent Mumay in FAZ vom 15.11.2016)

3. Der Islam kennt keine oder allenfalls eine nur sehr eingeschränkte Religionsfreiheit für andere Religionen, fordert diese aber für sich selbst in Europa uneingeschränkt, auch in Deutschland, ein. Es muss auch juristisch, erst recht politisch, die Frage gestellt werden, ob eine „Religion", die selbst die Religionsfreiheit für andere ablehnt, genau diese selbst in Deutschland beanspruchen kann. Es ist jedenfalls unerträglich, dem Islam in Deutschland ohne Wenn und Aber Religionsfreiheit zuzugestehen, ohne diesen Gesichtspunkt auch nur zu beachten.

Mit Recht ist in der FAZ vom 15.11.2016 zu lesen, „dass Religionsfreiheit dort endet wo die Freiheit des anderen beginnt". Die Unfähigkeit unserer politischen Klasse und Presse, mit diesem unser Land existentiell bedrohenden Problem umzugehen, ist erbärmlich und hochgefährlich. Die Vereinfachung: „Der Islam gehört zu Deutschland" ist das Primitivste, was bisher zu diesem Thema verlautet wurde und beweist totale Inkompetenz. Nur wer den Koran nicht gelesen und die Praktiken des Islam in der Geschichte nicht betrachtet hat, kann so reden. Wie gefährlich die Lage ist, zeigt sich am Wirken der in vielen Ländern tätigen islamischen Bewegung „Die wahre Religion", die am 15.11.2016 vom Bundesinnenminister endlich verboten wurde.

Deren Mitglieder haben zehn Jahre lang massenhaft deutsche Koran-Texte in den Straßen verteilt und junge Menschen für den Krieg in Syrien und Irak angeworben, die dann dort zum Teil den Tod fanden. Diese Leute kennen keine Toleranz. Es gilt absolut der Koran, ohne jede Rücksicht auf geltende Gesetze. In zehn Bundesländern hat der Staat erst am 15.11.2016 zugeschlagen, 190 Wohnungen und Moscheen durchsucht und dabei Beweismittel beschlagnahmt. Das ist nur richtig und notwendig, kommt aber sehr spät und zeigt die schwache Handlungsweise des Staates gegenüber dem Islam.

4. Vor diesen Hintergrund ist es absolut logisch und sinnvoll, dass etwa der neugewählte US-Präsident Trump die Einwanderung von Muslimen zumindest begrenzen will. Auch wir müssen das tun, um den politischen Einfluss dieser Zuwanderer zu vermeiden oder, soweit er längst vorhanden ist, wenigstens in Grenzen zu halten. Es geht in der Praxis weniger um religiöse oder politische Diskussionen, sondern um die Zahl muslimischer Zuwanderer, die begrenzt bleiben muss. Wer hier wohnt und sich verfassungsgemäß verhält ist gut zu behandeln, doch muss es Grenzen geben. Die Lektüre des Korans nebst Kenntnis der Geschichte des Islam zwingt zu höchster Vorsicht. Denn es ist nicht zu bezweifeln, auch der Islam strebt (und übt zum Teil schon über die Ditib und Parallelgesellschaften aus) eine brutale Fremdherrschaft in Deutschland an.

VII.

Fremdherrschaft der Schlepper

Wer als Flüchtling nach Europa kommt, entscheiden meist nicht etwa die jeweiligen Regierungen, sondern hochprofessionell und bandenmäßig organisierte Schlepper-Organisationen. Deren Schmuggel von Flüchtlingen ähnelt dem Drogenhandel, der von der Mafia bestimmt wird. Dass dem teilweise entgegengewirkt werden konnte, verdanken wir nicht etwa der Bundesregierung, sondern vor allem den Balkan-Staaten und Österreich, welche die Balkan-Route gesperrt haben. Die Bundesregierung wollte das nicht, sondern hat vor allem Ungarn angegriffen, weil es, obwohl in Übereinstimmung mit dem EU-Recht handelnd, seine Außengrenze gegen Serbien – die auch Außengrenze der EU ist – mit Zäunen gesperrt hat. Heute allerdings sieht selbst die deutsche Politik ein, dass die Balkan-Staaten damals durchaus im deutschen Interesse gehandelt haben.

Im Mittelmeer hingegen gibt es eine makabre Art der Zusammenarbeit auch deutscher „Rettungsschiffe" mit den Schleppern, welche massenhaft Auswanderer aus Afrika nach Europa befördern. Die Schlepper haben längst registriert, wie das funktioniert. Sie schicken die „Flüchtlinge" auf bewusst nicht seetüchtigen Schiffen oder Booten ins Mittelmeer, wo sie in kurzer Zeit programmgemäß „in Seenot" gehen, um dann von den Rettungsschiffen aufgenommen und in europäische Staaten befördert zu werden. Haben sie und ihre Geldgeber, die Flüchtlinge, auf diese oder andere Weise die europäische Außengrenze, – etwa in Italien – überwunden, steht ihnen grundsätzlich ganz Europa ohne weitere Kontrolle offen. „Schengen" macht's möglich. Zwar wird gegenwärtig die Grenze zwischen den EU-Ländern Deutschland und Österreich sowie zwischen Österreich und Italien kontrolliert. Das geht aber nur vorübergehend und bedarf einer Genehmigung der EU-Kommission. Von Hoheit über unser Land durch eine frei gewählte Regierung kann also auf diesem wichtigen Gebiet keine Rede sein. Ob und wer hier einreist entscheidet letztlich die EU.

Die Schleuser arbeiten durch gut organisierte Banden. Kürzlich ist, wie die FAZ am 10.11.2016 berichtet, die Bundespolizei gegen einen internationalen Schleuserring vorgegangen. Die meist syrischen Schleuser sollen schuld am Tod von 26 Flüchtlingen sein, die im Mittelmeer ertrunken sind. Sechs Verdächtige wurden verhaftet. Die durchsuchten Wohnungen lagen in sieben Bundesländern. Daraus ist zu ersehen, wie bundesweit organisierte Schlepper in Deutschland ihre eigene „Staatsgewalt" ausüben. Gefasst werden sie nur sehr selten. Die offene Grenze bietet die Voraussetzung ihrer Tätigkeit in einem Raum, in welchem sie einer staatlichen Kontrolle kaum begegnen, weil die deutsche Staatlichkeit weitgehend aufgegeben wurde.

Es ist selbstverständlich, dass die Todesfälle durch Ertrinken unbedingt vermieden werden müssen, doch sind die Flüchtlinge selbst für ihre Sicherheit (sie kennen die Risiken) verantwortlich. Bei der gegenwärtigen Praxis könnte man die Flüchtlinge vielfach gleich in Afrika abholen. Auch hier sitzen die Schlepper am längeren Hebel. Das wirkt sich als eine Form von der Regierung nicht vermeidbarer oder bewusst nicht vermiedener Fremdherrschaft aus.

Die Schlepper bestimmen damit faktisch auch bei uns über Haushalts- und Siedlungsfragen mit und setzen Prioritäten beim Einsatz öffentlicher Mittel, die dann an Stellen, wo sie dringend benötigt werden (Schulen, Straßen, Brücken ect.), fehlen.

Dass Bund, Länder und Gemeinden Milliarden aufwenden müssen, ist weitgehend das Werk dieser „souveränen" in Deutschland herrschenden Schlepper, eine „Fremdherrschaft der besonderen Art".

VIII.

Fremdherrschaft durch Flüchtlinge

Das Thema „Flüchtlinge beherrscht seit langem die deutsche Öffentlichkeit. Wie es eine weitgespannte Dimension hat, spaltet es auch die Meinung: Die einen betonen die Hilfsbedürftigkeit der Zuwanderer, die anderen sehen vor allem wegen der Vielzahl der Ankömmlinge Probleme der Aufnahme, Unterbringung, Kriminalität und weiteren Behandlungen mit den damit ausgelösten hohen Kosten.

In diesem Buch ist das Thema nur insoweit von Interesse als durch Zurückweichen oder Ausfallen deutscher Staatsgewalt auch hier von „Fremdherrschaft" gesprochen werden kann und muss. Dazu ist folgendes zu überlegen:

1. Nach Artikel 16 a, Abs. 2 des Grundgesetzes kann sich u. a. auf das Asylrecht nicht berufen, wer aus einem Mitgliedsstaat der Europäischen Gemeinschaft oder aus einem sicheren Drittland einreist. Deutschland ist mit Ausnahme der Schweiz nur von solchen Mitgliedstaaten umgeben. Die Schweiz ist ein sicherer Drittstaat. Daraus folgt, das so gut wie alle Zuwanderer, die in der Vergangenheit vor allem über Österreich oder die Schweiz, vom Balkan oder Italien kommend, nach Deutschland eingereist sind, weder ein Einreiserecht noch ein Asylanspruch hatten. Das in Deutschland geltende Asylverfahrensgesetz geht aber noch weiter: Nach diesem Paragraph 18, Abs. 2 muss dem Ausländer auch die Einreise versagt werden, wenn er aus einem EU-Mitgliedstaat oder einem anderen Dritt-Staat einreist.

Das gilt nur dann nicht, wenn der Bundesinnenminister die Einreise u. a. aus humanitären Gründen erlaubt. Eine solche Erlaubnis aber gibt es nicht.

Es ist auch nicht denkbar, dass sie global für eine große Masse von Eiwanderern erteilt werden kann. Das bedeutet, dass die deutschen Behörden, insbesondere aber die Bundeskanzlerin Merkel rechtswidrig handelten, als sie trotzdem fast eine Million Flüchtlinge ins Land ließen. Faktisch wurde dadurch das Hoheitsrecht über das eigene Land in einem ganz entscheidenden Punkt fremden Ausländern übertragen. Wer nach Deutschland wollte kam auch hinein, als ob es keine Grenze gäbe. Dazu kam dann noch, dass sehr viele Zuwanderer nicht identifiziert wurden. Teils wurden sie überhaupt nicht untersucht. Viele hatten ihre Pässe weggeworfen, um eine Rückschiebung in ihr Heimatland zu blockieren. Die zu vielen Tausenden einreisenden Kinder und angeblichen Jugendlichen wurden nicht auf ihr Alter überprüft, obwohl allzu oft falsche Angaben gemacht wurden. Die Einwanderer wissen, dass Jugendliche unter den Flüchtlingen mit zusätzlichen hohen Kosten privilegiert behandelt werden. Festzuhalten ist auch, dass diese Einreisepolitik der Bundeskanzlerin weder mit dem deutschen Bundestag noch mit den anderen EU-Staaten abgesprochen wurde. Es ist kein Wunder, dass diese Staaten dann auch entgegen den Wünschen der Bundeskanzlerin Deutschland keine Flüchtlinge abgenommen haben. Logischerweise fanden sie: „Das ist ein deutsches Problem." Es ist mithin nicht falsch, davon zu sprechen, dass der deutsche Staat auf diesem Gebiet „Fremdherrschaft" im eigenen Land zugelassen und die eigene Souveränität zurückgesteckt hat.

2. Erst einmal im Land sind den Flüchtlingen Vorrechte eingeräumt und Handlungsweisen ermöglicht, die den Staat stark beeinträchtigen oder gar in mancher Hinsicht handlungsunfähig machen könnten. Dazu einige Beispiele:

a) Es fällt auf, dass unter den Flüchtlingen viele zehntausend junge Männer sind, die allein kommen. Da sie ihre Familie zurücklassen ist ihr Fluchtgrund von vornherein höchst zweifelhaft: Wenn die Familie zuhause bleiben kann, können das die Söhne auch. Die jungen Männer und ihre Angehörigen spekulieren vielmehr auf den sogenannten „Familiennachwuchs" den das deutsche Recht ihnen gewährt oder in Aussicht stellt. Das kann zu viel hunderttausendfacher weiterer Zuwanderung und einer entsprechenden weiter stark wachsenden Belastung Deutschlands führen. Die deutsche Staatsgewalt überträgt auch hier die Verfügung über das eigene Land auf die Fremden. Auch das ist an und für sich Fremdherrschaft.

b) Die eingewanderten Flüchtlinge bzw. Asylbewerber lösen extrem hohe Kosten aus. Sie müssen untergebracht und auf ein Leben in Deutschland vorbereitet werden, z. B. durch Sprachkurse und Einschulung ihrer Kinder. Mehrere hunderttausend ausländische Kinder ohne deutsche Sprachkenntnisse werden in die deutschen Schulklassen „gestopft". Das ist eine ungeheure Herausforderung für die Lehrer und gefährdet das Erreichen der Unterrichtsziele auch für die deutschen Kinder. Der Sportunterricht muss vielfach ausfallen weil immer noch Hunderte von Turnhallen durch Flüchtlinge besetzt sind. Flüchtlinge erhalten hohe

Zuwendungen – auch in Geld – welche die Angebote in anderen EU-Staaten übersteigen.

Es hat sich herausgestellt, dass viele „Flüchtlinge" nur wegen dieser sozialstaatlichen Leistungen grade nach Deutschland kommen, also in Wirklichkeit keinen Asylanspruch haben. Die deutsche Politik fördert dazu weitere Zuzüge. Im Dezember 2016 musste der Deutsche Bundestag 1,5 Milliarden Euro für die Krankenversicherung der deutschen Asylbewerber bereitstellen.

Dieses Geld belastet nicht etwa die Steuerzahler sondern wird dem aus Beiträgen der 53 Millionen gesetzlich Krankenversicherten finanzierten „Gesundheitsfond" entnommen: Ein Skandal, da die Krankenversicherten hier für die Flüchtlinge mit einem Sonderopfer belastet werden. Überschrift dazu in einer Zeitung: „Gesundheitsfond wird geplündert".

Insgesamt kosten die Flüchtlinge ~~pro Jahr~~ hunderte von Milliarden Euro. Es gibt Schätzungen, dass dadurch über mehrere Jahre zusammen bis zu einer Billion Euro erreicht wird. Zahlreiche andere Aufgaben kann der Staat aus diesem Grunde nicht mehr erfüllen, die Bürger stellen allerorts fest, dass Flüchtlinge im Konfliktfall oft vorgehen und dass auf einmal viel Geld zur Verfügung steht. Der Unmut darüber ist groß, auch hier besteht eine Art Fremdherrschaft, die Flüchtlinge setzen ihre Ziele durch.

c) Offiziell ist es bekannt, dass es derzeit rund 220.000 ausreisepflichtige Flüchtlinge gibt. 170.000 von ihnen sind „geduldet" obwohl sie keinen Asylanspruch haben.

„Duldung" gibt es z. B. auch für solche, die ihre Pässe weggeworfen haben. Diese hätte man nach geltendem Recht aber gar nicht ins Land lassen dürfen. Die Taktik der Flüchtlinge setzt sich gegen das deutsche Recht durch. Die hier gebotene Abschiebung funktioniert extrem schlecht, in einigen Bundesländern torpedieren Linke und Grüne sie sogar, ohne die damit verbundenen schweren Probleme ernst zu nehmen: Die Ideologie geht vor! Das Bundesrecht wird hier einfach nicht beachtet und nicht durchgesetzt. Vielfach gelingt es auch abgelehnten Asylbewerbern, ihre Abschiebung zu verhindern. Sie tauchen unter, lassen sich zu Recht oder Unrecht „krank" schreiben oder leisten direkt Widerstand mit der Folge, dass etwa Piloten die Aufnahme in ein für die Abschiebung stehendes Flugzeug ablehnen.

Dass man den Abzuschiebenden einfach die staatlichen Leistungen kürzen oder verweigern könnte, ist den Politikern offensichtlich noch nicht eingefallen: Dann würden die Meisten ohne großen Aufwand von selbst ausreisen. Auch hier wird also das deutsche Recht nicht durchgesetzt, Sieger über den Staat sind die Ausländer: Hunderttausende von ihnen können auf diese Weise ihre Forderungen gegen das Gebilde, das sich „Staat" nennt, durchsetzen: Fremdherrschaft!

3. Seit die vielen Flüchtlinge hier sind, ist die innere Sicherheit dahin bzw. schwer bedroht. Terroranschläge, Taschendiebstähle und sexuelle Belästigungen von Frauen auf den Straßen in ganz Deutschland erreichen Rekordzahlen. Die massive Häufung solcher Straftaten bestimmt das Lebens-

klima in Deutschland, der Fall Berlin mit 12 Toten war ein Höhepunkt dieser Entwicklung. Bekannt sind über 500 „salafistische „Gefährder", denen unmittelbar die Planung von Anschlägen insbesondere im Verbund mit dem IS zugetraut wird. Es gibt inzwischen in Deutschland eine ganz unheimliche fremde und kriminelle Macht, die in jedem Winkel geschürt wird. Nachdem Berliner Attentat sprach ein saarländischer Minister sogar von in Deutschland herrschendem Krieg. Jedenfalls ist auch die totale Bedrohung unserer „Inneren Sicherheit" allein auf die Einwirkung von Ausländern zurückzuführen: Fremdherrschaft!

4. Mit den vorstehenden Überlegungen soll nicht kritisiert werden, dass Deutschland überhaupt Flüchtlinge aufgenommen hat oder aufnimmt. Die Notlage eines großen Teils von ihnen, vor allem auch verfolgter Christen, ist ja nicht zu übersehen. Es bedarf aber einer Abstimmung mit den anderen EU-Staaten die auch ihren Teil beitragen müssen. Die Hauptkritik richtet sich mithin nicht gegen die Flüchtlinge sondern dagegen, wie der Gesetzgeber bzw. deutsche Behörden mit dem Problem umgehen. Es ist unerträglich, unerlaubte Grenzübertritte zu dulden, Zuwanderer nicht zu identifizieren und sie ohne Pass ins Land zu lassen, das Alter von „Jugendlicher" nicht sofort zu hinterfragen, uferlos ein Recht auf Familiennachzug zu gewähren, und massenhaft vorhandene ausreisepflichtige Zuwanderer nicht abzuschieben bzw. durch geeignete Maßnahmen (auch Entzug der sozialen Leistungen) zur Ausreise zu bewegen.

Es ist ein unglaublicher Skandal, das ein Flüchtling sich allein durch Wegwerfen seines Passes jahrelange „Duldung" seines Aufenthaltes in Deutschland sichern kann und auf diese Weise praktisch sein Ziel der Einwanderung zu erreichen. Es ist nicht nachvollziehbar, solche Leute auch noch auf Staatskosten zu versorgen. Es ist offensichtlich, das bei der Einreise das Vorhandensein eines Asylgrundes in sehr vielen Fällen nicht hinreichend geprüft worden ist. Es mag sein, dass die Verwaltung inzwischen Teile dieses Defizites aufgearbeitet hat, doch muss alles getan werden, um deutsches Recht in der Flüchtlingsfrage vollständig durchzusetzen. Es geht hier um grundlegende Fragen deutscher Staatlichkeit, die „Fremdherrschaft" muss vermieden bzw. beseitigt werden.

IX.

Fremdherrschaft der EZB
über die Altersversorgung der Deutschen

Als eine ganz besondere Form der Fremdherrschaft stellt sich die von der Bundesregierung und dem Bundestag nicht oder kaum beeinflussbare Niedrigzinspolitik der Europäischen Zentralbank (EZB) dar. Das gilt für mehrere zentrale Felder der nationalen Politik, insbesondere der Sozialpolitik.

1. Schlechthin verheerend ist die Auswirkung auf die Altersversorgung der Deutschen: Es gibt in Deutschland über 90 Millionen Lebensversicherungsverträge bei rund 82 Millionen Einwohnern. Das zeigt schon, dass die privaten Lebensversicherungen, in verschiedenen Formen auch als Riester-Rente, eine ganz zentrale Rolle für die Alten- und Invalidenvorsorge (letztere als Erwerbsunfähigkeits- oder Berufsunfähigkeitsversicherung) spielt. Das ist in den letzten Jahren immer wichtiger geworden, weil die gesetzliche Rentenversicherung bei nur noch 48 % des Netto-Einkommens (und auch noch steigenden Beiträgen) mit weiter sinkender Tendenz als Vorsorge nicht mehr ausreicht. Unentwegt hat die Bundesregierung dazu aufgerufen, zusätzliche private Vorsorge aufzubauen. Die private Vorsorgemöglichkeit ist aber durch die Niedrigzinspolitik der EZB weitgehend zerstört worden: Die Lebensversicherungen können die Beiträge der Versicherten so gut wie nicht mehr verzinslich anlegen. Selbst von Lebensversicherungen oft gekaufte Bundesanleihen rentieren mit Null oder gar mit Negativ-Zinsen.

Besser rentierliche Aktien zu kaufen ist den Lebensversicherungen nur in sehr beschränktem Umfang erlaubt bzw. möglich. Das hat zur Folge, dass die Beiträge der Versicherten aus dem laufenden Anlagegeschäft der Versicherungen nicht oder kaum mehr verzinst werden können, was aber die eigentliche Grundlage einer Lebensversicherung ausmacht. Deshalb fällt der Abschluss neuer klassischer Lebensversicherungen als Altersvorsorge in Zukunft so gut wie aus. Alte Versicherungen rentieren zwar noch mit dem vertraglich zugesagten Zins von 4 % und werden von den Lebensversicherungen noch aus ihren Reserven bedient.

Wie lange das aber noch gut geht, steht in den Sternen: Je länger die Niedrigzinsphase dauert, desto größer wird das Risiko auch für alte Versicherte, die schon eine Versicherten-Rente beziehen. Wenn die Versicherung insolvent wird, ist die selbstaufgebaute Altersversorgung dahin. Die Versicherungsgesellschaften entwickeln zwar neuartige Angebote verschiedener Art, doch bleibt abzuwarten, was diese den Versicherten wirklich bringen, denn sie enthalten auch neuartige Risiken.

2. Dazu kommt für die Versicherungen und damit auch die Versicherten ein bisher noch nie aufgetretenes gewaltiges Risiko aus dem Kauf von unverzinslichen oder gar negativ verzinslichen Anleihen, insbesondere des Bundes. Der Bundesfinanzminister hat schon bis Sommer 2016 aus von ihnen negativ verzinslich ausgegebenen Anleihen rund 1,5 Milliarden „verdient". Das ist ein in der gesamten Geschichte des Finanzwesens einmaliger Vorgang: Dass der Schuldner nicht Zinsen zahlt, sondern noch Zinsen dafür

bekommt, dass er sich verschuldet, d. h. nicht er, sondern der Gläubiger Zinsen zahlt.

Diese Risiken des Kaufs unverzinslicher oder negativ verzinslicher Anleihen werden besonders akut, wenn die Zinsen wieder steigen. Zinssteigerungen am Markt führen stets dazu, das schon laufende niedriger verzinsliche Anleihen des bisherigen Zinsniveaus im Kurs so lange fallen, bis ihre Verzinsung dem neuen Marktzins entspricht. Steigt der Zins etwa von 3 % p. a. auf 4 % p. a., so fällt rechnerisch ein mit 3 % p. a. verzinsliches 100 Euro-Anleihepapier im Kurs so lange, bis die bisherigen 3 % auf 100 Euro Nennwert 4 % des neuen Kurses ausmachen. Das wäre ein neuer Kurs von 75 Euro. Das gilt rechnerisch und ist nicht immer exakt, weil die Laufzeit der Anleihe eine Rolle spielt und die Anleihe bei Fälligkeit nicht zum Kurswert, sondern zum Nennwert von 100 % zurück bezahlt wird. Das kann vor allem bei kurzfristig zu erwartender Fälligkeit den Kurs ~~stark~~ nur dämpfen.

Beträgt nun aber die Verzinsung einer Anleihe Null oder ist gar negativ, so kann dieser Mechanismus nicht mehr funktionieren. Selbst wenn die Anleihe wegen der Zinssteigerung am Markt gegen Null fällt, kann sie sich dem neuen Zinsniveau nicht mehr anpassen: Wer wird eine solche ganz unverzinsliche Anleihe noch kaufen, wenn es wieder verzinsliche Alternativen gibt? Dann entsteht bei den Versicherungen und anderen Unternehmen, die solche Anleihen gekauft haben ein sehr hoher und unter Umständen sogar existenzbedrohender Abschreibungsbedarf: Denn nach den Vorschriften desHandelsgesetzbuches (HGB) richtet sich die Bewertung solcher Papiere in dem Jahresabschluss nach dem Börsen- oder Marktpreis, wie er am Abschluss-Stichtag (meist 31.12.) festgestellt wird.

Dass die Papiere bei Fälligkeit voll zurückbezahlt werden, spielt für die Bilanzierung keine Rolle. Die Verluste realisieren sich auch kassenmäßig, wenn der Inhaber solche Anleihen vor Fälligkeit verkaufen muss oder will. Es ist höchst besorgniserregend, das die Zahl der unverzinslichen oder negativ verzinsten Anleihen auch des Bundes immer mehr steigt. Allein daraus kann bei Zinssteigerungen durch den genannten Effekt eine neue Finanzkrise entstehen. Schon jetzt ist das Volumen derartiger Papiere gewaltig. Auch private Anleger, die solche Anleihen vor Fälligkeit verkaufen müssen, werden bei Zinssteigerungen hohe Verluste erleiden.

Die gleiche Problematik betrifft aber nicht nur Lebensversicherungen, sondern auch die betriebliche Altersversorgung, berufliche Versorgungswerke etwa der Ärzte oder Anwälte sowie die privaten Krankenversicherungen. Letztere haben bereits sehr hohe Beitragserhöhungen angekündigt, weil ihre Rücklagen keine Zinsen mehr bringen, die bisher zur Deckung der Kosten beigetragen haben.

Inzwischen hat die Bundesregierung zugegeben, dass die Niedrigzinsen auch die Refinanzierung der Beamtenpensionen schwer belasten. Sie können nicht mehr, wie für ab 2007 neu eingestellte Beamte vorgesehen, aus dafür angesparten Rücklagen refinanziert werden, sondern nur noch aus künftigen Haushaltsmitteln, also durch den Steuerzahler.

Während die Beamten wenigstens so gesichert bleiben, verlieren andere Bürger ihre Altersversorgung. Da der Bundesfinanzminister sich wegen der Niedrigzinspolitik der EZB seinerseits zinslos verschulden kann, müsste er diesen Vorteil eigentlich auf geeignete Weise den privaten Versicherungsgesellschaften zukommen lassen. Gegenwärtig verlagert er mithin typische Haushaltsrisiken auf die Sparer und Lebensversicherten.

Es geht nicht an, die Lasten der EZB-Politik statt auf alle Steuerzahler nur den Sparern und vor allem den Privatversicherten aufzuerlegen. Insgesamt auch hier eine Form katastrophaler Fremdherrschaft ausgerechnet durch die EZB!

X.

Fremdherrschaft nach den EU-Verträgen

Nach Artikel 288 des „ Vertrages über die Arbeitsweise der Europäischen-Union, AEU" können die Organe der EU, insbesondere die Kommission, selbstständig „Verordnungen und „Richtlinien" erlassen. Die „Verordnung" hat allgemeine Geltung. Sie ist in allen ihren Teilen verbindlich und gilt unmittelbar in jedem Mitgliedsstaat. Dessen Verwaltung- und Gesetzgebungsorgane sind ausgeschaltet, es findet unmittelbar Rechtsetzung durch Fremdherrschaft statt.

Die „Richtlinie" ist für jeden Mitgliedsstaat, an den sie gerichtet wird, hinsichtlich des zu erreichenden Ziels verbindlich, überlässt jedoch den innerstaatlichen Stellen die Wahl der Form und der Mittel. Auch in diesem Fall sind die Bundesregierung und der Deutsche Bundestag nur noch Vollzugsorgane eines staatsrechtlich fremden Willens. Der Umstand, das Deutschland in der EU mitbestimmen kann, schränkt diese Feststellung zwar ein, nimmt sie aber nicht weg. Schätzungsweise 80 % aller Bereiche werden inzwischen maßgeblich durch Brüssel regiert. Das entspricht Äußerungen des früheren Kommissions-Präsidenten Delors, der schon 1992 verlangte, dass rund 80 % der nationalen Souveränitätsrechte auf die EU übergehen sollen.

Diese „Fremdherrschaft" ist zwar durch die deutsche Ratifizierung des Maastrichter Vertrages über die Europäische Union legal zustande gekommen, zerstört aber de facto die Souveränität des deutschen Staatsvolkes. Das fragt inzwischen, wozu es noch ein Parlament wählen soll, wenn dieses fast nichts mehr zu sagen hat. Auch auf diesem zentral wichtigen Gebiet der Rechtssetzung wird „Gulliver-Deutschland" mit starken Seilen gefesselt!

In diesem Zusammenhang ist auf einen fundamentalen ganzseitigen Aufsatz des früheren Präsidenten des Bundesverfassungsgerichts Professor Dr. Hans-Jürgen Papier in der FAZ vom 17.10.2016 hinzuweisen. Der dort von ihm vorausgestellte Leitsatz lautet wie folgt: „Auch in einem vereinten Europa kann nur der Nationalstaat die Werte, die Leitideen und den Zusammenhang einer ganzen Gesellschaft verkörpern und verwirklichen. Der verbreitete Abgesang auf den National-Staat, ja seine Verächtlichmachung als überholtes Staatsmodell, kommen zu früh". Dem ist nichts hinzuzufügen.

XI.

Fremdherrschaft Griechenlands über Deutschland

Die EU-Verträge haben den Mitgliedsstaaten in einem besonders wichtigen Bereich volle Souveränität zugestanden, und dies auch abgesichert.

In Artikel 125 des „Vertrages über die Arbeitsweise der Europäischen Union (AEU)" steht klipp und klar, das weder die Union selbst noch die einzelnen Mitgliedsstaaten „für die Verbindlichkeiten der Zentral-Regierungen, der regionalen oder lokalen Gebietskörperschaften oder anderen öffentlich-rechtlichen Körperschaften, sonstigen Einrichtungen des öffentlichen Rechts oder öffentlicher Unternehmen von Mitgliedsstaaten" haften und nicht „für derartige Verbindlichkeiten" einzutreten haben.

Diese Klausel ist wesentlich von Deutschland durchgesetzt worden; ohne sie hätte der Deutsche Bundestag dem Vertrag nicht zugestimmt. Denn die Haftung für die Verbindlichkeiten eines fremden Staates, dessen Handlungen nicht beeinflusst werden können, zerstört die Grundlagen des demokratischen Rechtsstaates von Grund auf. Sie unterminiert den Haushalt und macht ihn zur Geisel fremder Entscheidungen, die Eigenstaatlichkeit wird prinzipiell aufgehoben.

Doch das Unglaubliche geschah: Ohne Vertragsänderung wurde und wird die zentrale Bestimmung des Artikels 125 AEU mit Zustimmung Deutschlands gebrochen und der Weg in eine europäische Haftungsunion geöffnet. Keine geringere als Christine Lagarde, die Präsidentin des Internationalen

Währungsfonds (IWF), hat diese Entwicklung „einen klaren Vertragsbruch" genannt. Geschafft hat das letztlich Griechenland, um dessen finanzielle Rettung es ging und noch geht. Es hatte sich mit falschen Angaben in die EU gemogelt. Der griechische Staat war mit sehr hohen Schulden faktisch insolvent. Inzwischen gibt es drei „Rettungspakete" für Griechenland. Über diese sind teilweise von den Mitgliedsstaaten unmittelbar, teilweise und überwiegend von sogenannten Rettungsschirmen mit der Bezeichnung „Europäische Finanzstabilisierungsfazilität AG" (EFSF) und „Europäischer Stabilitätsmechanismus (ESM) rund 242 Milliarden Euro effektiv an Griechenland als „Darlehen" ausgezahlt worden.

Dies geschah, obwohl alle Beteiligten sich darüber im Klaren sein mussten, dass Griechenland diese Beträge und seine Altschulden zum großen Teil oder überhaupt nicht zurückzahlen kann. Weitere 60 Milliarden Euro sind unter Bedingungen zugesagt und teilweise schon ausgezahlt. Deutschland hat zu dem ersten Rettungsschirm unmittelbar 15,2 Milliarden Euro überwiesen, an den weiteren wohl mehr oder weniger wertlosen Forderungen der Rettungsschirme gegen Griechenland ist es durch Bürgschaften (EFSF) oder Einlagenverpflichtungen (ESM) mit mindestens 27 % beteiligt.

Der Internationale Währungsfonds, der ebenfalls Kredite an Griechenland gewährt hat, verlangt seit langem, dass die Euro-Staaten, auch Deutschland, Griechenland durch Schuldennachlässe entgegen kommen. Auch US-Präsident Obama hat anlässlich eines Griechenlandbesuches am 15.11.2016 solches verlangt.

Solche Schuldennachlässe würden unmittelbar den Bundeshaushalt mit hohen Beträgen belasten. Deshalb lehnt die Bundesregierung Schuldenschnitte ab. Stattdessen wird die Laufzeit der Darlehen immer wieder verlängert und werden Zinsen gesenkt und gestundet, ein absolut unseriöses Verfahren. Die EFSF, die eine Aktiengesellschaft luxemburgischen Rechts mit einem nur geringen Aktienkapital ist, bewertet solche Forderungen gegen Griechenland einschließlich der gestundeten Zinsen in ihrem Jahresabschluss voll, obwohl nach eigenen Angaben im Geschäftsbericht die Bewertung dieser Forderungen von Rating-Agenturen mit „C" angegeben wird. „C" bedeutet: „Niedrigste Kategorie. Anleihen in der Regel von einem Zahlungsausfall betroffen. Äußerst schlechte Aussichten auf Zins- oder Kapitalrückzahlung". Auch im Markt umlaufende griechische Staatsanleihen werden weit unter ihrem Nennwert gehandelt.

Die Bilanzierung der EFSF ist eine grobe Bilanzfälschung die verhindert, dass der EFSF mit seinem geringen Grundkapital sofort selbst Insolvenz anmelden müsste. Denn die EFSF hat ihre Zahlungen an Griechenland ihrerseits durch Kreditaufnahmen refinanziert. Ihre Insolvenz hätte zur Folge, dass die Mitgliedsstaaten – auch Deutschland – als Bürgen für die Schulden der EFSF in Höhe von ca. 160 Milliarden Euro einzutreten hätten.

Wenn ein Schuldner große Beträge nicht zahlt, hat weniger er selbst als vielmehr sein Gläubiger ein Problem. So auch hier: Die deutsche Haushaltslage und -Politik ist im gewaltigen Ausmaß von den Handlungen und der Zahlungsbereitschaft eines anderen Staates, hier Griechenland, abhängig. Auch das ist eine brutale Form der Fremdherrschaft.

XII.

Die Fremdherrschaft von Hackern

Bei der hier zu beschreibenden Fremdherrschaft geht es um gewaltige Gefahren für den Staat, die Städte, öffentliche Einrichtungen, Unternehmen und jeden Einzelnen von uns. Eine Gefahr dieser Art hat es noch nie gegeben. Sie zwingt dazu, das ganze Land durch geeignete Maßnahmen in eine Art Verteidigungszustand zu versetzen, um den Fortbestand nur halbwegs geordneter Lebensverhältnisse zu sichern.

„Black out – Morgen ist es zu spät", lautet der Titel eines im Jahre 2012 erschienenen 800 Seiten-Buches von Marc Elsberg (SPIEGEL-online Bestseller). Er beschreibt auf unnachahmliche Weise, was passiert, wenn aus welchen durchaus möglichen Gründen auch immer die Stromversorgung von Städten oder gar ganzen Ländern und Kontinenten zusammenbricht: Das Leben wird so gut wie unmöglich, weil ohne Strom nichts mehr geht. Im Vorwort wird kurz gefasst angekündigt: An einem Februar-Tag geht in Italien das Licht aus, im engverzahnten europäischen Stromnetz wird eine verheerende Kettenreaktion ausgelöst.

Auf dem ganzen Kontinent schalten sich Kraftwerke ab, Fahrstühle bleiben stehen, U-Bahnen stecken fest. Krankenhäuser (wenn sie nicht eine unabhängige Notstromversorgung haben) funktionieren nicht mehr, Geschäfte können nicht mehr beliefert werden, Heizungen bleiben kalt, Kühlschränke gehen außer Betrieb und anderes mehr". Jeder kann sich die Einzelheiten selbst ausmalen.

Inzwischen gibt es auch in der öffentlichen Diskussion und der Presse den Begriff „Cyber-Attacke". Der neue Begriff beschreibt eine mögliche Form der Fremdherrschaft, die alle bisher denkbaren Vorstellungen übersteigen. „Cyber" sind Menschen oder Organisationen, die die eingangs beschriebenen Verheerungen herbeiführen können, die Gefährlichkeit dieser Art von Fremdherrschaft ist unermesslich. Sie bedroht, wie gesagt, ganze Staaten, aber auch Unternehmen, Kraftwerke, Banken, Schulen, Verwaltungen und Privatpersonen.

Im Februar 2016 beispielsweise wurde ein Krankenhaus in Neuss eine Woche lang komplett lahmgelegt. In England haben Hacker bei einer Bank rund 20.000 Kundenkonten geplündert. Die Bank musste ihr Online-Banking einstellen.

Was steckt dahinter? Das Internet ist allgegenwärtig und bestimmt längst das Leben. Es gibt nun zahlreiche Könner, eben sogenannte „Hacker", die es verstehen, in das Internet-System einzudringen, dieses zu verändern, Daten aus ihm abzurufen oder eben Einrichtungen aller Art lahm zu legen.

Solche Vorgänge hat es 2016 auch schon in Teilen der USA gegeben. Eine Sammlung von Zeitungsausschnitten zeigt die Dramatik des Themas. Die FAZ bezeichnet am 19.10.2016 die „Kreativität" von Hackern als grenzenlos. Die USA haben sogar Russlands Regierung vorgeworfen, mit Hacker-Angriffen Einfluss auf die Präsidentschaftswahlen genommen zu haben. Die FAZ berichtet am 3.11.2016, das Vertrauen in das Internet sei „erschüttert", weil vertrauliche Daten der Internet-Nutzer im großen Umfang ausspioniert und weitergegeben wurden. Am 2.11.2016 lautet eine FAZ-Überschrift: „London rüstet sich verstärkt gegen Cyber-Angriffe". In den kommenden drei

Jahren sollen mehr als 2 Milliarden Euro in eine „Nationale Cyber-Sicherheitsstrategie" gesteckt werden. Vor allem werden Angriffe auf das nationale Stromnetz und das Luftverkehrskontrollsystem befürchtet.

Die Regierung in Russland wird als eine der größten Bedrohungen Großbritanniens bezeichnet. Im Mai 2015 wurde bekannt, dass das Computer-Netzwerk des Deutschen Bundestages schon monatelang einem massiven Angriff von Computer-Hackern ausgesetzt war. Tausende Computer mussten teilweise abgeschaltet und neu installiert werden. Schon vor drei Jahren wurden dem Internetkonzern Yahoo durch Hacker Daten von mehr als 1 Million Nutzern gestohlen. Der Firma Krupp entwendeten Hacker Forschungsergebnisse und technologischen know how. Die FAZ vom 10.12.2016 berichtete, es vergeht keine Woche ohne Hacker-Angriffe. Dabei gehe es um persönliche Kennwörter für online-Banking, E-Mail-Konten und Einkaufsplattformen. Online-Banking ist somit für die Kunden gefährlich geworden! Im Dezember 2016 legten Hacker rund 900.000 Telefone von Telekom-Kunden lahm. Mitunter fordern Hacker hohe Lösegeldsummen und betätigen sich als Erpresser. Krankenhäuser sind gegenwärtig nicht ausreichend gegen Hackerangriffe geschützt.

Eine genaue Darstellung der hier drohenden Gefahren findet sich in der „Jungen Freiheit" vom 18.11.2016 mit der bezeichnenden Überschrift „Urheber unbekannt". Dort ist auch zu lesen, dass die Bundesregierung eine eigene Cyber-Sicherheitsstrategie beschließen musste. Die Dimension der hier drohenden Gefahr ist riesenhaft. Zum Beispiel kann ein Land, ohne einen einzigen Soldaten einzusetzen, mit Cyber-Angriffen ein anderes Land angreifen und bis zur Handlungsunfähigkeit treiben. Zwar gibt es Abwehrmöglichkeiten, doch sind diese in ihrer Wirkung höchst zweifelhaft, die „Hacker" sind immer schneller und haben auch technisch „die Nase vorn".

Die Hacker ausfindig zu machen ist fast unmöglich. Wenn Staaten sich diese Möglichkeiten voll zu eigen machen und einsetzen, kann der Weltfriede gefährdet werden. Interessant und logisch ist es auf der anderen Seite, dass sich bereits ein europäischer „Cyber-Versicherungsmarkt" gebildet hat, mit dem versucht werden soll, Geschädigte zu versichern. Die Versicherungen erwarten ein sehr großes neues Geschäft, doch sind die Risiken auch für sie schwer einschätzbar und können möglicherweise auch gar nicht mehr versichert werden. Aus alledem ist der Schluss zu ziehen, dass die allgemein verbreitete Internet-Nutzung selbst zum unkontrollierten Risiko werden kann. Nur wer kein Internet nutzt und „primitiv" für sich lebt, ist sicher. Durch diese Möglichkeiten und Risiken scheint sich das Internet als doch technisches Wunderwerk unserer Zeit selbst in Frage zu stellen!

Die besten Geister sind aufgerufen um das sich hier stellende Problem zu beherrschen. Der eingangs angesprochene „Verteidigungszustand" wird zum Beispiel dazu zwingen, auf dem Gebiet der Stromversorgung alle wichtigen Einrichtungen, einschließlich auch von Wohnbauten, möglichst durch Notstromaggregate zu sichern, wie sie in Krankenhäusern meist schon vorhanden sind. Einen gewissen aber nicht vollständigen Schutz vor dem Zusammenbruch der Stromversorgung bietet unter Umständen die Eigenversorgung von Wohnhäusern durch Photovoltaik-Anlagen in Verbindung mit einer stromspeichernden Batterie.

Ich erzeuge zum Beispiel auf diese Weise rund 73% meines Stromverbrauches selbst und bin insoweit von den Stadtwerken teilweise unabhängig, im Sommer mehr, im Winter natürlich weniger. Aber auch im Winter ist wenigstens eine gewisse Eigenstromversorgung möglich. Die „Probe" aufs Exempel steht allerdings noch aus, weil es eine Vernetzung mit dem Stromlieferanten gibt. Grundsätzlich wäre eine möglichst weitgehende „dezentrale" Stromversorgung durch voneinander unabhängige Netze anzustreben, soweit dies technisch möglich und sinnvoll ist.

Wenn es zu einem „Krieg der Hacker" kommen sollte, könnte ein Rückfall in primitive Lebensweisen nötig werden, wie sie die Älteren noch in den Kriegs- und Nachkriegsjahren mitgemacht haben. Damals haben viele nur dadurch überlebt, dass sie mit Holz und Kohle heizen und kochen konnten. Die Möglichkeit dazu sollte man, wo es nur geht, wieder schaffen. Leider haben viele neuere Häuser den dafür nutzbaren zweiten Kamin nicht, wie es ihn früher immer gab. Anzustreben ist ein möglichst hohes Maß an Unabhängigkeit, jedoch wird diese in vielen Fällen nicht zu erreichen sein.

Zum Thema dieses Buches ist offenkundig: Hier besteht eine Form von Fremdherrschaft oder Fremdherrschaftsmöglichkeit, die man nur noch als apokalyptisch bezeichnen kann.

XIII.

Fremdherrschaft durch Bargeldabschaffung

Eine weitere Form von „Fremdherrschaft" wäre die von starken Kräften, auch in der EZB, geplante Einschränkung oder gänzliche Abschaffung des Bargeldes. Das hätte zur Folge, dass alle finanziellen Vorgänge über Bankkonten abgewickelt werden müssten. Sie wären dann voll kontrollierbar. Alle Ersparnisse und Geldeingänge wären bei Banken anzulegen und könnten mit Negativ-Zinsen belegt werden. Eine Ausweichmöglichkeit, Geld etwa in Schließfächern oder zu Hause „unter dem Kopfkissen" aufzubewahren, und dadurch den Negativzinsen bzw. irgendwelchen Kontrollen auszuweichen, gäbe es nicht. Jedenfalls ist die Abschaffung des Bargeldes eine fundamentale Bedrohung der menschlichen Freiheit, und bedeutet die totale Unterwerfung des Einzelnen an Banken und Behörden, wie es sie bisher nicht einmal in Diktaturen gegeben hat.

Noch ist die Bargeldabschaffung in Deutschland nicht geplant, in anderen Ländern z. B. in Schweden ist sie in vollem Gange. Ein politischer Druck in dieser Richtung ist aber auch in Deutschland konkret vorhanden. Zunächst sollen Bargeldzahlungen über 5000 Euro ausgeschlossen und große Geldscheine, z. B. solche ab 500 Euro abgeschafft werden. Anscheinend ist vorgesehen, die Menschen langsam auf diesem Gebiet zu erwürgen, bis sie als freie Bürger eines demokratischen Rechtsstaates erledigt sind, Gegen diese neue Form von Fremdherrschaft ist massiver Widerstand geboten. Über die hier drohende Gefahr ist schon viel geschrieben worden, worauf hier verwiesen werden soll.

XIV.

Fremdherrschaft der Hochfinanz

In den letzten Jahren ist der Eindruck entstanden, dass in Europa Banken und deren Verbände die einzelnen Staaten und die EU selbst massiv unter Druck setzen. Diese können sie zu Maßnahmen veranlassen, die den Banken nützen oder sie sogar mit riesigem Aufwand „retten" sollen. „Italiens Banken hoffen auf Staatsgeld", lautete z. B. eine Überschrift in der FAZ. So kommt es auch, die EU stimmt zu! Besonders ist klar geworden, dass die gewaltigen „Rettungsmaßnahmen" für Griechenland durch Darlehensgewährung Europäischer Länder und Institutionen Griechenland so gut wie nicht geholfen haben. Geholfen haben sie nur Großbanken, die Griechenland früher hochverzinsliche Kredite gewährt hatten und nun deren Ausfall befürchteten. Sie wurden mit den Griechenland zufließenden „Rettungsgeldern" befriedigt und waren dadurch aus dem Risiko heraus. Für Griechenland wirkten diese Vorgänge nur als ein Gläubigeraustausch, seine Schulden blieben, wenn auch mit einem gewissen Zinsvorteil, bestehen.

Das enorme Kreditrisiko belastet jetzt anstelle der Banken die europäischen Steuerzahler. Auch dadurch sind diese einer Form von Fremdherrschaft unterworfen. Gleiches geschieht im Jahre 2017 erneut: Im Juli 2017 werden rund 7 Milliarden Euro Forderungen gegen Griechenland fällig, die dieses Land aber nicht mehr zurückzahlen kann. Die Gläubiger sind auch jetzt wieder überwiegend private Institutionen, im Zweifel Banken. Wenn erneut im Rahmen des „3. Rettungspakets" Eurogelder fließen, werden die genannten Schulden Griechenlands damit bezahlt. Außer der Vermeidung seiner Zahlungsunfähigkeit hat Griechenland davon nichts. Die Höhe seiner Schulden ändert sich nicht mehr, wieder sind nur Griechenlands private Gläubiger gerettet.

Dazu kommt folgendes ganz neues Phänomen:

Die Europäische Zentralbank hat Zinsen so gut wie abgeschafft. Auch die weiteren an Griechenland etwa fließenden Euro-Darlehen dürften so gut wie unverzinslich sein. Zinsen sind aber eine Gegenleistung für die Nutzung des Darlehens. Wenn diese Gegenleistung entfällt, kommt es insoweit zu einer Schenkung, auch wenn das Darlehen zurück zu zahlen ist. Die gesamte Kreditwirtschaft entwickelt sich allmählich zu einem gewaltigen „Schenkungsparadies", das gar den Gedanken an Schenkungssteuer auslösen könnte ...

Auf dem Umweg über Griechenland schenken die Europäischen Steuerzahler also den Banken die volle Ablösung ihrer an sich mangels Zahlungsunfähigkeit Griechenlands schon längst wertlosen Forderungen! Die Banken setzen das durch, die Bürger sind machtlos: Banken-Fremdherrschaft!

Eine weitere Form der „Fremdherrschaft" zeigt sich auch darin, dass die EU sich veranlasst sah, eine Richtlinie 214/59 EU zur Festlegung eines Rahmens für die Sanierung und Abwicklung von Kreditinstituten vom 15.5.2014 zu erlassen. Das Risiko von Bankinsolvenzen wird so hoch eingeschätzt, dass allen Eurostaaten vorgeschrieben wird, sogenannte Bankenrettungsgesetze zu erlassen.

In Deutschland gibt es deshalb ein am 1.1.2015 in Kraft getretenes „Sanierungs- und Abwicklungsgesetz" (SAG) mit 176

Paragraphen. Es sieht in Übereinstimmung mit den EU-Weisungen vor, dass künftig bei Insolvenzgefahr einer Bank nicht mehr die Steuerzahler einspringen sollen, sondern vor allem neben den Gesellschaftern die Kunden der Bank. Deren Forderungen können, jedenfalls wenn sie 100 000 Euro übersteigen, auf Weisung einer neuen Behörde auf Null gestellt werden, um die Bank zu retten. In meinem Buch „Rette sich wer kann vor dieser Bankenrettung", (erschienen im gleichen Verlag), habe ich dargestellt, warum das nicht funktionieren kann. Das zeigt sich jetzt auch in Italien. Dort wird im Zusammenhang mit der drohenden Insolvenz einer Großbank die „Rettung" letztlich doch vom Staat übernommen, ein klarer Widerspruch zu der neuen Gesetzgebung. Fest steht immer wieder, dass die Banken es schaffen, den Staat auch mit Hinweis auf ihre „Systemrelevanz" für ihre eigene Rettung in Anspruch zu nehmen. So ist es auch 2008/2009 in Deutschland durch die Commerzbank geschehen. Auch hier „Fremdherrschaft" der Banken über die Staatsinteressen und damit auch die Interessen der Bürger.

XV.

Eine demografische Katastrophe –
der größte Skandal

Die in den vorangegangenen Kapiteln dargestellten „Fremdherr-schaften" sind bedrohlich genug, um sich große Sorgen um die Zukunft Deutschlands zu machen. Die höchste Gefahr für die Zukunft dieses Landes und die Fortexistenz eines deutschen Volkes als Träger der Staatsgewalt (vgl. u. a. Artikel I Abs. 2, Artikel 20 und Artikel 146 des Grundgesetzes) geht aber von ihm selbst und vor allem von seiner politischen Vertretung aus. Trotz seiner großen Kultur, seinen Leistungen in der Vergangenheit sowie seinen Fähigkeiten und Begabungen für Gegenwart und Zukunft.

Deutschland hat ein gewaltiges demographisches Problem. Seit Jahrzehnten übersteigt die Zahl der Sterbefälle die Zahl der Geburten jedes Jahr beträchtlich. Ein Volk begeht buchstäblich Selbstmord, es stirbt aus, was auch schon sichtbar wird. Immer mehr alte Leute sind zu sehen, Kinder (schon gar nicht deutsche) erblickt man immer seltener. Probleme wie Rente, Pflegeversicherung und Krankenversicherung beherrschen die Diskussion und auch die vorrangigen politischen Themen. Kein Wunder, wenn die Masse der Wähler immer mehr aus Rentnern besteht, kämpfen die Parteien um deren Stimmen.

Die Probleme anderer Volksgruppen, insbesondere der Jungen werden vernachlässigt. Diese schon lange vorhergesehene und analysierte Entwicklung zeigt sich jetzt auch konkret jedes Jahr deutlicher darin, dass Industrie und Handwerker mangels Nachwuchs offene Stellen nicht mehr besetzen können. Im Falle der Industrie ist das allerdings selbst verschuldet.

Die Industrieverbände kämpfen seit Jahren sehr kurzsichtig unter Einsatz aller ihrer Einflussmöglichkeiten, auch auf die Politik, dafür, dass Frauen möglichst lebenslang in der Wirtschaft arbeiten, statt wegen der Geburt und des Aufziehens von Kindern längere Zeit zuhause zu bleiben. Die Industrie ist damit kinderfeindlich und beklagt sich jetzt über Nachwuchsmangel: Selbstverschuldet!

Das ist das eine. Einen weiteren entscheidenden Beitrag zu der demographischen Katastrophe leistet der Staat selbst: Seit 1976 fördert und bezahlt er aufgrund von Bundesgesetzen über die Krankenkassen bzw. jetzt die Länderhaushalte die massenhafte Abtreibung gesunder Kinder gesunder Mütter. Derzeit sind das rund 100.000 Fälle pro Jahr. Ungeborene Kinder sind durch diese Politik als wertlose „Sache" gekennzeichnet worden. Das geschieht, obwohl diese vom Staat bezahlten Abtreibungen sogar rechtswidrig, wenn auch straflos sind.

Die Einstellung der Bürger zum Lebensschutz hat sich durch diese politischen Vorgaben gegenüber früheren Einstellungen massiv zu Lasten der ungeborenen Kinder verändert: Insgesamt wurden (mit und ohne staatliche Förderung) seit 1976 rund 9 Millionen ungeborene gesunde Kinder gesunder Mütter in Deutschland getötet. Das entspricht bei einer Geburtenrate von jährlich 650.000 bis 700.000 Kindern rund 13 bis 14 vollen Jahrgängen, die jetzt fehlen. Es ist in der Geschichte einmalig, dass ein Staat aus Steuermitteln massenhaft die Vernichtung des eigenen Nachwuchses betreibt und in diesen Tötungshandlungen eine Staatsaufgabe sieht.

Diese Entwicklung, die ich in einem anderen Buch („Zerstörte Zukunft, wie Deutschland seinem Nachwuchs die Geburt verweigert", im gleichen Verlag 2012 erschienen) im einzelnen beschrieben habe, muss auch als Ursache für einen Teil der hier beschriebenen „Fremdherrschaften", wie vor allem islamische Zuwanderung, Schlepper-Herrschaft, Bedrohung der Altersversorgung, gesehen werden. Ohne Nachwuchs kann es überhaupt keine Rente für die Alten mehr geben. Seit die Welt besteht, müssen die Jungen die Alten versorgen. Es ist eine fragwürdige Meinung, wegen des Geburtenausfalls sei die Zuwanderung nötig. Die Masse der Zuwanderer wird dieses Problem nicht lösen, sondern selbst riesige Kosten verursachen.

Es ist mithin dringend nötig, dass der deutsche Staat sich zum ungeborenen Leben wieder positiv bekennt, zumindest die Bezahlung von Abtreibungen aus öffentlichen Mitteln einstellt und eine kinderfreundliche Politik betreibt. Damit steht und fällt alles. Die herrschenden Parteien denken aber gar nicht daran; sie glauben Stimmen der Frauen zu verlieren, wenn sie das ungeborene Leben besser schützen und Abtreibungen nicht mehr aus der Staatskasse bezahlen: Wiederwahl geht vor Lebensschutz, das Thema ist für sie erledigt. Diese Politik nimmt das schon mittelfristig zu erwartende Ende des deutschen Volkes in Kauf und will das damit auch. Schon jetzt wird zwischen „Deutschen" und „Biodeutschen" d. h. doch schon „Eingeborenen" unterschieden. Eine Ungeheuerlichkeit, die der Demokratie buchstäblich ihre Grundlagen entzieht.

Jede politische Vertretung muss dem Leben dienen, nicht dem Tod des eigenen Nachwuchses und damit auch des eigenen Volkes. Das Zusammenwirken der beschriebenen Fremdherrschaften mit der Missachtung und Tötung des eigenen Nachwuchses durch die eigenen politischen Vertreter ist die verheerende Grundströmung, der die Zukunft Deutschlands ausgesetzt ist. Der Franzose Michel Houllebecq sagte 2016 in Berlin zu diesem Thema: „Das Vordringen des Islam beginnt gerade erst, denn die Demographie ist auf seiner Seite, und Europa hat sich, in dem es aufhört Kinder zu bekommen, in einen Prozess des Selbstmordes begeben. (zitiert nach Zana Ramadani „Die verschleierte Gefahr", S. 128)

XVI.

Schlussbemerkungen

Fassen wir zusammen:

1. Infolge der durch den Wegfall der Grenzkontrollen künstlich geschaffenen Möglichkeiten für ausländische, insbesondere osteuropäische, Verbrecherbanden und unkontrollierte Flüchtlingszuwanderung, gibt es zuhause und auf den Straßen in Deutschland keine wirkliche Sicherheit mehr. Der Staat erfüllt seine wichtigsten Aufgaben bei weitem nicht mehr ausreichend. Durch die verschiedenen dargestellten fremden Herrschaftsstrukturen ist deutsche Hoheitsausübung im eigenen Land stark eingeschränkt oder lokal nicht mehr vorhanden. Die Islamisierung Deutschlands mit dem Ziel, das Grundgesetz durch die Scharia zu verdrängen, ist in vollem Gange und stellt ihrerseits eine Form der Fremdherrschaft dar. Die Altersversorgung der Deutschen wird von der parlamentarisch nicht kontrollierbaren EZB zerstört, die Regierung ist (fast) machtlos. Sie hat diese Entwicklung nicht verhindert als dies noch möglich war. Die internationale Hochfinanz beherrscht viele Staaten.

2. Über die EU-Verträge und die vertragswidrige Einführung einer europäischen Haftungsgemeinschaft ist die Finanzhoheit und damit die Staatlichkeit Deutschlands schwer bedroht. Das Maß wird vollgemacht durch das neu aufgetretene Problem der Hacker, dessen Ausmaß zu beschreiben die Phantasie nicht ausreicht. Dafür ist die Bundesregierung zwar nicht verantwortlich, die hier bestehende Bedrohung ist ihr aber inzwischen klar: Frau Merkel hat immerhin inzwischen vor-

Hackerangriffen auf die Infrastruktur und Stromversorgung gewarnt. Die Bundeswehr sucht 14.000 Cyber-Spezialisten.

3. Die in diesem Buch zusammengestellten Tatbestände zeigen, dass die immer wieder zu hörende einseitige politische Feststellung „Deutschland geht es gut" nur die halbe Wahrheit ist. Ein Staat besteht nicht nur aus „Wirtschaft". Die Menschen spüren sehr wohl, dass die von Ihnen gewählte politische Vertretung den Staat in vielerlei Hinsicht nicht mehr beherrscht und unverzichtbare Elemente der Staatlichkeit nicht mehr durchsetzt. Sie sehen, dass die Politik diese Beherrschung teilweise bewusst abgibt oder aber ohne politische Entscheidung vieles einfach duldet und laufen lässt. Sie sehen auch, dass die notwendige demokratische Verankerung schwindet. Das Demokratie-Defizit der EU ist bekannt und kaum umstritten. Es besteht inzwischen faktisch auch in Deutschland.

4. Eine begrenzte Übertragung von Hoheitsrechten auf die EU ist nach dem Grundgesetz vorgesehen. Das bedeutet dennoch eine Form der Fremdherrschaft, die auch nicht dadurch ausgeräumt wird, das Deutschland bei den jeweiligen Abstimmungen stimmberechtigt ist. Das gilt vor allem, wenn Mehrheitsentscheidungen getroffen werden können.

5. Es erscheint unabdingbar, dass die Politik sich mit den hier dargestellten Tatbeständen und Fragen auseinandersetzt und überzeugende Lösungen herbeiführt. Absolut unverzichtbar ist die Wiedereinführung effizienter Grenzkontrollen durch Abkehr von „Schengen" und die Einstellung der staatlichen Abtreibungsfinanzierung. Geschieht das aber nicht, kann es sehr gut sein, dass uns das politische System um die Ohren fliegt. Das gilt insbesondere für die Zustimmung zur europäischen Union, deren Politik für die beschriebenen Zustände teilweise verantwortlich ist. Wenn große Teile der Bevölkerung

sich nach neuen politischen Orientierungen umsehen, liegt
das an Fremdherrschaften, wie sie hier beschrieben werden,
und den beklemmenden Anblick vermitteln:

„Gulliver – Deutschland, der gefesselte Riese!"